KNAUR

Eric Weißmann

ABER BITTE MIT REET!

Ein Sylter Makler
erzählt Geschichten von der
schönsten Insel der Welt

Besuchen Sie uns im Internet:
www.knaur.de

Originalausgabe März 2022
Knaur Taschenbuch

Ein Imprint der Verlagsgruppe
Droemer Knaur GmbH & Co. KG, München

Dieses Werk wurde vermittelt durch die
AVA international GmbH Autoren- und Verlagsagentur, München.
www.ava-international.de
Lektorat: Ulrike Strerath-Bolz
Covergestaltung: buxdesign | Lisa Höfner
Coverabbildung: Collage aus Motiven von Shutterstock.com und Adobe Stock
Satz: Adobe InDesign im Verlag
Druck und Bindung: CPI books GmbH, Leck
ISBN 978-3-426-79152-3

6 8 10 9 7

Dieses Buch enthält vor allem Geschichten, die ich in meinem beruflichen Alltag erlebt habe. Diese zu erzählen geht nicht, ohne auch Personen zu beschreiben. Damit aber Privatsphäre auch Privatsphäre bleibt, habe ich immer mal wieder Namen, Orte und andere Details verändert. Sollten dennoch Ähnlichkeiten zu realen Personen bestehen, so sind diese rein zufällig.

Inhalt

Einleitung
Reif für die Insel

»Könnten Sie mal meine Zigarette austreten?«, fragt der elegante Herr in Designerjeans und weißem Leinenhemd.

Wir haben uns verabredet, weil er ein Reetdachhaus in Kampen besichtigen will. Verständnislos sehe ich ihn an. »Wie bitte?«

»Na, sonst ruiniere ich mir die Dinger da«, erklärt er und zeigt auf die Bastsohlen seiner Schuhe. »Die sind nämlich von Gucci.«

Jetzt erkenne ich das berühmte Logo und begreife: Mein Kunde ist in Stoffschuhen unterwegs, wie sie andere Leute für fünf Euro beim Discounter kaufen. Bei Gucci muss man locker fünfhundert Euro dafür hinblättern.

Tja. Ein kleiner Funke, und die kostbaren Dinger sind hin. Okay. Selbstverständlich trete ich die Zigarette aus, bevor ich den Schlüssel aus der Tasche hole und das Haus aufschließe.

Schräg? Nein, das ist Sylt: neunundneunzig Quadratkilometer Reetdach und Rolex, Natur und Nacktbadestrand, Kaschmir und Krabbenbrötchen.

Oder anders gesagt: neunundneunzig Quadratkilometer Naturschutz, knapp vierzig Prozent bebaute Fläche. Von Letzterer handelt dieses Buch.

Ich bin Makler, und ich liebe meinen Beruf – weil ich schöne Immobilien und den Kontakt zu meinen Kunden liebe.

Etwas über eine Million Menschen strömen alljährlich auf die Lieblingssandbank der Deutschen. Bekanntlich nicht nur Normalos. Seit Gunter Sachs unsere kleine Nordseeinsel in den Status eines Promi-Eilands erhob, rollen in Westerland auch Bugattis, Porsches und Lamborghinis vom Autozug. Nebenan auf dem kleinen Flughafen landen Privatjets, oft im Minutentakt. Ob Thomas Gottschalk, Jürgen Klopp oder Johannes B. Kerner: Sie alle zieht es zur rauen Schönheit im äußersten Norden der Republik.

Was Sylt so beliebt bei Promis und Millionären macht: Man bleibt weitgehend unter sich. *Closed shop* heißt das auf Neudeutsch. Für den Normalo ist ein Tisch in den legendären Gourmetrestaurants so unerreichbar wie der Zutritt zu exklusiven Privatdomizilen.

Es sei denn, man wird erfinderisch.

Vor Kurzem kontaktierten mich zwei Hamburger Ärztinnen wegen eines Immobilienkaufs. Ich zeigte ihnen Reetdachvillen in Braderup, Reihenhäuser in Rantum, Eigentumswohnungen in Hörnum. Die beiden Damen waren hellauf begeistert. Komischerweise ließen sie nie wieder von sich hören.

Durch Zufall erfuhr ich wenig später, dass es sich in Wirklichkeit um zwei H&M-Verkäuferinnen handelte. Sie wollten unbedingt mal sehen, wie es in der Welt der Reichen, Schönen und Blitzlichtgewohnten zugeht. Für ihre Besichtigungstour hatten sie sich extra mit Secondhand-Designerklamotten ausstaffiert.

Das Erlebnis brachte mich auf eine Idee: Wenn die Leute so neugierig auf das mondäne Inselleben sind, was liegt dann näher, als ein Buch darüber zu schreiben, wie es wirklich zugeht hinter den Türen der sagenumwobenen Sylt-Community?

Als Makler bin ich mittendrin. Schließlich habe ich es oft mit extrem anspruchsvollen, manchmal auch exzentrischen Kunden zu tun. Ich höre ihre Lebensgeschichten, ich setze mich mit ihren Vorlieben und Eigenarten auseinander. Zuweilen blicke ich auch in Abgründe.

Meist sind es Privatiers mit erfolgreich abgeschlossener Vermögensbildung, die dem Club der Zweitwohnsitzinhaber beitreten. Entsprechend unterscheidet sich ihr Lebensstil vom Alltag ganz normaler Mitbürger. Gerade auf Sylt, wo das Geld so locker sitzt wie die Föhnfrisur vom eigens eingeflogenen Coiffeur. Ob altes Geld oder junge Erben, Spitzensportler oder Fernsehprominenz: Man gönnt sich was.

Und es darf immer noch etwas mehr sein. Whirlpools mit Meerblick. Garagen mit Fußbodenheizung für den empfindsamen Bentley. Ankleidebereiche, groß wie Apartments in Westerland, wo fünfköpfige Familien ihre Ferien verbringen.

Ich habe schon lange aufgehört, mich zu wundern. Auf Sylt gibt es wirklich nichts, was es nicht gibt. Schilder mit der Aufschrift »Parken nur für Porsches« zum Beispiel. Trüffelpommes. Oder Sylter Royal, die einzige deutsche Austernsorte. Wer's etwas ausgefallener mag, geht ins Kampener Restaurant Henry's. Dort findet er die Edelpizza »Tippi Toppi Null plus Ultra« auf der Karte, belegt mit Hummer, Languste, Lachs, Kaviar und gehobelten Sommertrüffeln. Kostenpunkt: 999,99 Euro, Bestellung nur gegen Vorkasse.

Dafür speist man dann aber auch in Top-Lage und luxuriösem Ambiente, Sehen und gesehen werden direkt im Ortskern des teuersten Dorfes Deutschlands.

»Sylt kannste dir nicht ausdenken, Sylt toppt alles«, sagte neulich eine Freundin aus Berlin.

Was unsere Insel jedoch absolut unverwechselbar macht,

ist die Mischung aus Luxus und Bodenständigkeit. Füße im Sand, einen Achthundert-Euro-Wein im Glas, so sieht sie aus, die hiesige Version des guten Lebens. Wenn man dann am nächsten Morgen beim Strandspaziergang auskatert, sind wetterfeste Windjacken statt neureicher Pelze angesagt.

Understatement ist Trumpf. Auch bei den Häusern. Protzige Villen mit Türmchen, Zinnen und Säulen sucht man hier vergebens. Ein Friesenhaus ist kein Palast, es vermittelt Tradition und Authentizität. Mit der Pointe, dass die gefühlsechte Gediegenheit genau das ist, wofür man auf Sylt am tiefsten in die Tasche greifen muss.

Mal im Ernst: Wer will hier schon einen Bungalow, der auch in Duisburg oder Lüdenscheid stehen könnte? Wer braucht ein Penthouse mit allen Schikanen, das aber den Makel der Allerweltsarchitektur trägt? Stilecht wohnt man nur unterm Reetdach. Punkt.

Deshalb ist Sylt auch definitiv kein Terrain für osteuropäische Oligarchen. Die schauten in den Neunzigern kurz vorbei, fanden Sylt nicht glamourös genug und reisten weiter zur Côte d'Azur. Dort war der Laufsteg. Hier war etwas, was ihnen nur ein Kopfschütteln entlockte: Snobismus, der sich mit dem Charme der Bescheidenheit tarnt. Oder, um im Jargon der betuchten Syltfans zu bleiben: *quiet quality.*

Nun ja, ganz so bescheiden geht es nun auch wieder nicht zu. Wir sind zwar nicht in VIPetersburg, doch der Glamour findet durchaus statt – nur eben etwas subtiler. Eine Kundin erzählte mir neulich, sie hätte eine Zweihundertvierzig-Quadratmeter-Wohnung in Hamburg gemietet, damit sie dort bei ihrer Anreise aus München bequem übernachten kann. Sie kommt einmal jährlich nach Sylt. Dreihundertdreiundsechzig Tage im Jahr steht die Hamburger Wohnung also leer. Verschwendung? Oder einfach nur verfeinerte Lebensart?

Ich habe mir abgewöhnt, irgendwelche Urteile zu fällen. Auch von den Kommentaren der sogenannten Neidgesellschaft halte ich nichts. Der französische Philosoph Montesquieu sagte einmal: »Wenn die Reichen nichts verschwenden, verhungern die Armen.« Dem kann ich nur beipflichten. Auf Sylt geht es um eine Wertschöpfungskette, von der viele profitieren: Kellner, Putzfrauen, Handwerker, Innenarchitekten, Restaurantbetreiber, Ladenbesitzer. Und ja, auch die Makler.

Doch das Schöne ist: Ich empfinde meinen Beruf als Berufung. Nur vordergründig arbeite ich mit Grundrissen, Bebauungsplänen, Immobilienbewertungsprogrammen, Betriebskostenaufstellungen. Vor allem arbeite ich mit Menschen. Hautnah, ohne Filter. Multitasking ist mein täglich Brot. Als Makler aus Leidenschaft bin ich Lifecoach, Seelsorger, Mediator, Depressionsbetreuer, Familienmitglied auf Zeit. Genau das fasziniert mich an meinem Beruf.

Nichts Menschliches bleibt mir fremd. Von luxuriösen Sehnsüchten über erotische Verwicklungen bis zu erbitterten Erbschaftsstreitigkeiten gibt es eine Menge zu erzählen. Und von einer Insel, die mit Juist oder Usedom in etwa so viel zu tun hat wie Schweinerippchen mit Kobe-Rind. Wenn man mit dem Zug nach Sylt fährt – der übrigens an jeder Milchkanne hält –, ist man ab dem Hindenburgdamm in einer völlig anderen Welt.

Glauben Sie mir: Irgendwann ist jeder reif für *die Insel*. Ich war es mit gerade mal achtzehn Jahren. Damals habe ich mich schockverliebt in die endlosen Strände, den herben Salzgeruch, das Wattenmeer, wo sich Himmel und Meer eine Bühne teilen. Dieses Buch ist eine Liebeserklärung an Sylt – und an meine Kunden. Ich bin dankbar, dass ich sie eine Weile begleiten darf, mit Rat und Tat und vollem Herzen. Oft entsteht daraus eine lebenslange Verbundenheit. Ich werde zu Geburtstagen und Hochzeiten eingeladen, ein Kunde hat sogar sein Kind nach mir benannt.

Das ist halt Sylt. Hier ticken die Uhren anders.

An keinem anderen Ort der Welt möchte ich leben. Sylt ist meine große Liebe. Von der trennt man sich nie.

Der Ferrari im Schlamm

Ein hartnäckiges Klingeln reißt mich aus dem Schlaf. Benommen taste ich nach dem Handy, mein Blick fällt auf den Wecker. Halb drei Uhr nachts.

Schlagartig bin ich hellwach. Was ist passiert? Ein Unfall? Ein Todesfall? »Hier Eric Weißmann«, krächze ich heiser vor Aufregung ins Handy.

»Hallo, Herr Weißmann«, schallt mir eine Männerstimme entgegen. »Ich will das Haus kaufen!«

Da sage noch einer, Makler schieben eine ruhige Kugel. Weit gefehlt.

Wobei ein Telefonat mitten in der Nacht nicht gerade zum üblichen Service gehört. Für mich klingt das eher nach jemandem, der etwas zu lange auf einer Strandparty gefeiert hat und nun einer Champagnerlaune nachgibt.

»Um welches Objekt geht es denn?«, erkundige ich mich vorsichtig.

»Na, um das Haus in Keitum, ruhig gelegen und idyllisch.«

Mittlerweile ist mein Gehirn hochgefahren. Bilder des urigen kleinen Orts auf der Wattseite Sylts ziehen vor meinem inneren Auge vorbei. Manche halten Keitum für das schönste Dorf der Insel. Alte Kapitänshäuser, hübsche Bauerngärten, gemütliche Lokale – die perfekte friesische Idylle.

Wer's ein bisschen üppiger braucht, kann im Luxushotel eine Suite für eintausendfünfhundert Euro buchen. Pro Nacht. Der beheizte Strandkorb auf der Terrasse ist dann aber auch inklusive.

»Also, in Keitum hätte ich zwei Häuser im Angebot«, sage ich, ein Gähnen unterdrückend. »Für welches interessieren Sie sich denn?«

»Gegenfrage: Wann können Sie hier sein?«

»Jetzt?« Ich schlucke. »Mitten in der Nacht?«

»Sagte ich das nicht bereits?«

Nun ja, an Schlaf ist sowieso nicht mehr zu denken.

Eine halbe Stunde später tuckere ich mit meinem alten Mini Cooper durch die gewundenen Gässchen von Keitum. Es ist stockdunkel. Es gießt in Strömen. Schietwetter. Ich mag Schietwetter, sonst würde ich ja nicht ausgerechnet auf Sylt leben. Nachts um drei kann ich allerdings dankend darauf verzichten. Eine nasse Böe fegt mir entgegen, als ich direkt am Wattenmeer aus dem Wagen steige. Mein Anrufer ist nicht zu übersehen. Wild gestikulierend steht er im Scheinwerferlicht eines Abschleppwagens, der einen völlig verdreckten roten Ferrari aus dem Matsch zieht.

»Herr Weißmann! Da sind Sie ja endlich!«, ruft er mir zu.

Neugierig mustere ich den drahtigen Mittfünfziger in Barbourjacke und Hermès-Gummistiefeln – die Edeluniform der Wahlsylter. Beschwipst scheint er nicht zu sein. Aber ziemlich aufgekratzt. Ein bisschen zu aufgekratzt für meinen Geschmack.

»Verzeihung, hatten wir schon mal das Vergnügen?«

»Nee, Ihre Nummer stand auf dem Ding da.« Mit dem Kinn deutet der Mann auf mein großes Maklerschild neben dem Schlammloch. »Es ist nämlich so: Gestern Abend wollte ich ein bisschen durch die Gegend fahren und bin hier im Dreck stecken geblieben. Geschlagene fünf Stunden musste ich auf den Abschleppdienst warten. Am Anfang war ich stinksauer. Aber dann …«

Ein verklärter Ausdruck tritt in seine Augen.

Ich kenne diesen Ausdruck. Sylt macht was mit den Leuten. Kaum setzen sie einen Fuß auf die Insel, fangen sie an, mit der Seele zu atmen. Viele entdecken auch ihr besseres Ich. Manche finden sogar zu Gott.

Was dieser Mann gefunden hat, ist mir allerdings noch nicht ganz klar. »Aber dann?«, hake ich nach.

»Es war psychedelisch!«, platzt es aus ihm heraus. »Diese Ruhe, diese Stille! Auf einmal kam ich runter wie noch nie in meinem Leben! Nur Meeresrauschen und der unendliche schwarze Himmel über mir. Es war, als streifte mich die Ewigkeit.«

Wow. Vor mir steht ein wahrer Poet. Doch was hat das alles mit mir zu tun? Vom Haus ist nicht mehr die Rede. Hat der Typ mich damit nur geködert? Er muss ziemlich einsam sein, überlege ich, sonst würde er nicht mitten in der Nacht einen Wildfremden anrufen, nur um seine psychedelischen Eingebungen mit jemandem zu teilen.

»Was soll ich sagen – ich habe mich rettungslos verliebt«, schwärmt er weiter. »Endlich kann ich durchatmen. Die Gedanken fliegen lassen. Im Hier und Jetzt sein.«

»Hmmm«, brumme ich.

Eine Pause entsteht. Gedankenverloren sieht der Mann zu, wie das Heck seines Ferraris aus dem Matsch gleitet. Es wird Stunden, vielleicht Tage dauern, um den Luxusschlitten wieder in einen vorzeigbaren Zustand zu bringen. Aber das ist nicht mein Problem. Ich friere. Ich bin nass bis auf die Knochen. Ich will zurück in mein warmes Bett.

»Ach, fast hätte ich's vergessen, Herr Weißmann.« Ein Ausdruck äußerster Entschlossenheit strafft plötzlich die Gesichtszüge meines Gegenübers. »Ich hoffe, Sie haben die benötigten Formulare dabei, damit wir gleich Nägel mit Köpfen machen können.«

Jetzt? Sofort? Ich schaue in seine weit aufgerissenen Augen, die im grellen Scheinwerferlicht des Abschleppwagens funkeln. Vielleicht hat er ja doch zu viel Champagner getrunken. Und lässt sich jetzt zu etwas hinreißen, was anschließend ein Heer von Anwälten beschäftigen wird.

»So was will gut überlegt sein«, gebe ich zu bedenken. »Natürlich können Sie gleich hier eine Kaufabsichtserklärung unterschreiben. Aber Sie kennen das Haus ja noch nicht mal von innen. Den Schlüssel habe ich dabei. Wie wäre es denn zuerst mit einer Besichtigung?«

Er macht eine wegwerfende Handbewegung, in der die ganze Verachtung des spirituell Erleuchteten für Leute wie mich liegt. Für Leute mit gesundem Menschenverstand.

»Puh, nee, das Elend tue ich mir gar nicht erst an«, sagt er dann sehr von oben herab. »Ich reiße den ganzen Plunder sowieso raus und gestalte innen alles neu.«

Mir bleibt die Spucke weg. Er will also nicht nur mitten in der Nacht ein Haus kaufen, sondern auch noch unbesehen zuschlagen? Und das, weil er zufällig im Schlamm gestrandet ist und dabei ein Erweckungserlebnis hatte?

»Es sind übrigens zwei Häuser«, erläutere ich sachlich. »Welches möchten Sie denn, das linke oder das rechte?«

Bei solchen Informationen zucken die meisten Menschen zusammen. Nicht dieser Herr.

»Wie gesagt, Herr Weißmann, ich habe mich unsterblich verliebt«, strahlt er. »Von jetzt an will ich diese himmlische Ruhe genießen, wann immer ich möchte. Ohne störende Nachbarn. Es sind zwei Häuser? Kein Problem, ich nehme beide.«

Rätsel des Lebens, Abteilung Spontankauf. Noch in derselben Nacht unterschreibt der Mann die Kaufabsichtserklärung. Danach brauche ich erst mal einen starken Kaffee.

Makeln, die etwas andere Kontaktsportart

Viele Leute denken, Makeln sei schnell verdientes Geld. Doch nicht immer läuft der Verkauf so rasant ab wie bei dem entscheidungsfreudigen Ferraribesitzer.

Bevor eine Immobilie den Eigentümer wechselt, muss ich normalerweise unzählige Gespräche führen, beraten, Hilfestellung geben, nach geeigneten Objekten fahnden. Das ist ein langwieriger Prozess. Oft dauert er Monate, manchmal Jahre.

Als Makler muss man deshalb mit Leidenschaft bei der Sache sein. Rund um die Uhr. Mit Herz und Hirn.

Das beginnt schon bei der Ausbildung. Bevor man startklar ist, muss man sich jahrelang durchs Dickicht Tausender Vorschriften und Gesetze kämpfen. Dass die pausenlos geändert werden, macht die Materie nicht gerade unterkomplexer.

Auf unserer schönen Insel kommen noch einige Besonderheiten dazu. Zum Beispiel das »Sylter Maß«. Im Rest der Republik legt die Wohnflächenverordnung fest, dass Schrägen, Terrassen und Balkone nur halb zählen. Anders auf Sylt, da misst man von Fußleiste zu Fußleiste.

Kein Scherz. Alles wird voll mitgerechnet, sogar Flächen, die unter einer Treppe liegen. Deshalb spricht man auch vom »Sylter Fußleistenmaß«. Bei der Berechnung der Quadratmeterzahl kann das bis zu einem Drittel mehr ausmachen.

Auch andere Sylter Regelungen sind nicht ohne. Es gibt

viele Sonderbestimmungen, etwa zu den Rahmenbedingungen, unter denen man seine Immobilie an Urlauber vermieten darf oder nicht. So was muss man natürlich wissen, bevor man sich hier als Makler niederlässt.

Wenn man dann in die Praxis einsteigt, erfordert das neben wasserdichter Sachkompetenz auch einiges Fingerspitzengefühl. Warum das? Beim Immobilienkauf geht es um weit mehr als um ein Dach über dem Kopf. Wer eine Wohnung oder ein Haus auf Sylt möchte, sucht einen Anker, ein Lebensziel. Manchmal auch eine Geldanlange oder eine Selbstdarstellungsfläche.

Doch immer sind eine Menge Gefühle im Spiel. Selbst wer nur ein Guthaben auf der Sandbank anstrebt, wie ein Magazin mal schrieb, möchte im Grunde seinen Platz in der Welt finden. Nestbau ist einer der ältesten Instinkte des Menschen. Wird der befriedigt, stellen sich tiefe Glücksgefühle ein. Ich nenne es die emotionale Rendite.

Das ist das Geheimnis der Immobilienbranche: Ehen zerbrechen, Kinder wenden sich von den Eltern ab, Freunde verschwinden auf Nimmerwiedersehen. Ein Haus bleibt. Für immer.

Das fühlt sich unheimlich gut an, zumal in krisengeschüttelten Zeiten. Allerdings muss man erst mal jemanden finden, der einem dieses gute Gefühl vermittelt. Und da bin ich gefragt. Als professioneller Makler wie als empathische Begleitperson. Manchmal brauche ich dafür allerdings die Menschenliebe eines Pfarrers und das diplomatische Geschick eines UNO-Generalsekretärs.

Vor einiger Zeit beauftragte mich die Gattin eines Musikproduzenten mit der Immobiliensuche. Eine veritable Lady rauschte da in mein Büro: von Kopf bis Fuß in Chanel gekleidet, Hermès-Tasche, zweireihige Perlenkette zum beigefarbenen Kaschmir-Twinset. Dem ersten Eindruck folgte ein zweiter, nicht so berauschender. Im Gespräch wirkte die Dame leicht übersteuert. Vielleicht lag es an ihrer herrischen Art, vielleicht an ihrer Stimme, die so klang, als könnte man damit Betonpfeiler zerfräsen. Demonstrativ wedelte sie mit ihrer Kelly Bag vor meiner Nase herum. Schau her, gab sie mir damit zu verstehen, das ist mein Ticket zu einer Welt, in der du nichts zu suchen hast.

Geschenkt, dachte ich. Wenn sie unbedingt ihre gesellschaftliche Überlegenheit demonstrieren will, lass ihr doch den Spaß.

Es folgte ein äußerst langwieriges Sondierungsverfahren, in dem sie sich so wählerisch gab wie Queen Mum persönlich. Natürlich musste es Kampen sein. Nichts anderes kam für sie infrage. Eine Luxusboutique reiht sich an die nächste, sogar sonntags kann man hier Bottega-Veneta-Taschen, Moncler-Jacken und feinste Juwelen shoppen.

Schließlich vereinbarten wir eine Besichtigung. Während sie durch die zehn Zimmer der Reetdachvilla stöckelte, ließ sie mich ganz deutlich spüren, was sie von meiner Profession hielt: gar nichts. »Was Sie da machen, könnte ich auch, Herr Weißmann«, verkündete sie mit zuckersüßem Lächeln. »Das bisschen Programm, das Sie abziehen, ist doch eher ein Studentenjob. So wie Kellner oder Touristenführer.«

Ich holte einmal tief Luft und enthielt mich jeden Kommentars.

Bei der nächsten Besichtigung, diesmal war ihr Gatte dabei, übernahm die Dame dann gleich meinen Job. Dachte sie jedenfalls. Wortreich erklärte sie ihrem Mann das Haus. Sie wies auf die Hightechküche hin, führte ihn in den Keller und auf den Dachboden. Von mir nahm sie keine Notiz mehr.

Meine dezent vorgetragenen Korrekturen die Materialien

betreffend – die Mikrowelle war in Wirklichkeit ein Dampfgarer – ignorierte sie.

Die Performance ging weiter, als wir draußen im Garten standen. Mit großer Geste deutete die Dame auf die Garage. »Oh, die habe ich noch gar nicht ausgemessen.« Sie wandte sich an ihren Gatten. »Was meinst du, Liebling, ob da wohl unser neuer Porsche reinpasst?«

In diesem Moment kam ein älterer Herr aus dem Nachbargarten angerannt und pflanzte sich vor ihr auf. Er schien nicht gerade bester Laune zu sein. »Ich habe alles mit angehört!«, rief er aufgebracht. »Sie sind die Maklerin, nehme ich an?«

Die Dame zwinkerte mir neckisch zu. Sehen Sie, so was kann wirklich jeder, sollte das wohl heißen. »Ganz genau, werter Herr«, flötete sie.

»Dann werde ich Sie anzeigen!«, explodierte der Nachbar. »Die Garage gehört nämlich mir!«

Das Gesicht der Dame – unbezahlbar.

Tja. Für meinen Beruf braucht man halt doch etwas mehr als eine Kelly Bag und die Fähigkeit, das Schlüsselloch zu finden.

Schwarze Schafe hinterm Deich

Nicht immer hat meine Branche den besten Ruf. Leider. Und auf Sylt, wo ein heftiger Verdrängungswettkampf tobt, grasen auch mal schwarze Schafe auf dem Immobilienterrain. Sage und schreibe zweihundert Makler bieten ihre Dienste auf unserer Insel an. Dumm nur, dass es viel mehr Interessenten als Immobilien gibt. Das Angebot attraktiver Objekte ist einfach notorisch knapp. Wer mit etwas Glück und viel Geld ein Haus ergattert hat, vererbt es über Generationen weiter, und die Schaffung neuer Bauflächen ist mittlerweile so selten wie ein Schneeglöckchen im August.

Ganz gewitzte Kollegen verfolgen deshalb eine reichlich ausgefallene Strategie: Sie fahren kreuz und quer über die Insel, machen Fotos von schönen Häusern und bieten sie zum Verkauf an.

Ohne Wissen der Besitzer, wohlgemerkt.

All die schönen Objekte landen dann in ihrem Angebot und werden vollmundig angepriesen: *Herrliches Anwesen! Beste Lage! Sofort bezugsfertig!*

Hochstapelei? Aber so was von! Dummerweise funktioniert die Sache immer mal wieder.

Sobald der betreffende Makler ein lukratives Kaufangebot hat, setzt er sich nämlich ins Auto und rast los. Wenig später klingelt er beim Eigentümer. Zunächst stellt er sich mit wohlgesetzten Worten vor, danach legt er das Kaufangebot auf den Tisch.

Nun muss er nicht mehr nach wohlgesetzten Worten suchen. Über Nacht zum Multimillionär, das ist wie das berühmte Angebot, das man nicht ablehnen kann. So mancher Hausbesitzer wird schwach, wenn er die vielen Nullen auf dem Papier sieht – und unterschreibt.

Auf der Jagd nach guten Objekten ist den schwarzen Schafen meiner Branche wirklich jedes Mittel recht. Zum Beispiel recherchieren sie, wo die Nannys, Gärtner und Putzfrauen der Hausbesitzer einkaufen, wo sie wohnen, wo sie ihren Kaffee trinken. Listig legen sie sich auf die Lauer, um bei passender Gelegenheit zuzuschlagen.

Eine gute Portion Dreistigkeit, eine Prise Charme, vielleicht sogar ein kleiner Flirt, und schon ist ein Schwätzchen drin. Bei einem Kaffee, gern auch einem Piccolo, wird die betreffende Servicekraft dann sachgerecht ausgequetscht. Alles in Ordnung mit der Ehe der Arbeitgeber? Oder liegt etwa Streit in der Luft? Womöglich steht ja demnächst eine Scheidung an?

Für solche Makler sind Trennungen ein Glücksfall, weil Ehepaare meist zu zweit als Besitzer eingetragen sind – als Symbol und Unterpfand ewiger Liebe. Kommt es dann zum Bruch, müssen eine Menge Scherben aufgesammelt werden. Und schließlich steht die Frage aller Fragen im Raum: Wer bekommt das Haus?

Zu diesem Zeitpunkt ist an eine gütliche Einigung meist nicht mehr zu denken. Das Gezerre und Geschiebe endet in unschöner Regelmäßigkeit damit, dass das Haus verkauft wird.

Merke: Wenn zwei sich streiten, freut sich der Dritte. In diesem Falle derjenige Makler, der sich als Hobbydetektiv betätigt hat und schon den Kontakt zu einem der Streithähne suchte, bevor der Ehezwist vor den Scheidungsrichter kam.

Auch schwere Krankheiten werden von schambefreiten Kollegen gern genommen. Traurig, aber wahr. Die Recherche läuft nach derselben Masche ab wie bei Trennungen: Umfeld infiltrieren, ansprechen, aushorchen. Vielleicht gibt es ja den einen oder anderen Insider aus dem Umfeld, der nach dem dritten Bier zur Plaudertasche mutiert. Oder eine überforderte Pflegekraft, die sich nach Feierabend gern mit Champagner verwöhnen lässt.

Unter dem Deckmäntelchen der Besorgnis erkundigt man sich dann nach dem Stand der Dinge. Der Patriarch tritt also demnächst ab? Tut mir sooo leid. Und seine Frau wollte immer schon eine Villa im sonnigen Süden? Interessant. Gibt es denn bereits ein Zeitfenster für das prognostizierte Ableben?

Übel, wirklich übel.

Da versteht es sich schon fast von selbst, dass Todesanzeigen die ultimative Inspirationsquelle für schwarze Schafe sind.

Die sterblichen Überreste der Dahingeschiedenen sind noch nicht unter der Erde, da umkreisen diese Makler schon wie Geier die Hinterbliebenen. Wer unverfroren genug ist, stattet der Familie einen Kondolenzbesuch mit Geschäftshintergrund ab.

Den Gipfel der Impertinenz erklomm ein Kollege, der sich nicht nur auf die Beerdigung eines ihm völlig Unbekannten mogelte, sondern auch zum anschließenden Kaffeetrinken mit Familie und Freunden. Bei Blechkuchen und Likör ging's dann los mit der verdeckten Akquise. Ob man vielleicht seine Unterstützung anbieten dürfe? Es gebe ja bestimmt ungeheuer viel zu regeln. Schließlich könne sich die Familie in so einer belastenden Situation nicht um alles selbst kümmern. Also, er sei durchaus bereit, beim Hausverkauf behilflich zu sein …

All das erzählte mir die aufgebrachte Witwe einige Tage später. Sie kam in mein Büro, weil sie gehört hatte, ich sei ein seriöser Makler. Das nahm ich mal als Kompliment.

Hand aufs Herz: Geschmacklose Übergriffigkeiten sind in meiner Welt einfach nur daneben. Aber auf der nach unten offenen Peinlichkeitsskala ist immer noch Luft fürs Fremdschämen.

Vor einigen Jahren verstarb der Besitzer eines wunderbar gelegenen Reetdachhauses mit großem Garten. Er hinterließ ein Traumobjekt. Das dachte sich auch ein Maklerkollege, der nicht gerade mit Pietät gesegnet ist. Flugs setzte er sich hin und schrieb der Familie einen Brief. Nach den üblichen Beileidsfloskeln beteuerte er, er habe den Verblichenen gut gekannt. So gut, dass er ein halbes Jahr zuvor ein ausgedehntes Gespräch mit ihm geführt habe.

Man muss nicht lange raten, worum es in dem angeblichen Gespräch gegangen war: Der Makler schwor Stein und Bein, er und nur er solle das Haus verkaufen – das sei der letzte Wille des Verstorbenen gewesen. Immer wieder habe ihm der werte Dahingeschiedene versichert, dies sei sein größter Wunsch.

Die Familie reagierte umgehend. Zwei Tage später erhielt der Makler einen geharnischten Antwortbrief. Was er sich herausnehme, das Andenken eines Toten zu beschmutzen? Gespräche habe der schon lange nicht mehr geführt. Wie auch? Vor seinem Ableben habe er zwei Jahre im Koma gelegen.

Uff. Aber manche Makler hegen keinerlei Skrupel, wenn's ums Geschäft geht – verweisen aber teilweise auf Traditionen, die bis sonst wann zurückreichen, und präsentieren auf ihren Webseiten eine astreine Firmengeschichte.

Nepper, Schlepper, Bauernfänger

Zu meinem großen Leidwesen wird in der Maklerbranche manchmal auch getrickst und geschummelt, dass sich die Balken biegen. Nicht selten werden Objekte zum Beispiel größer annonciert, als sie es tatsächlich sind. So simpel, so effektiv. Nur wenige Kunden rücken mit dem Zollstock an, um Raum für Raum selbst auszumessen. Auf einer Insel, wo die Quadratmeterpreise auf Werte bis zu mehreren zehntausend Euro klettern, machen ein paar hinzugemogelte Quadratmeter dann schon eine ganze Menge aus.

Manche Makler versprechen auch Umbaumöglichkeiten, wohl wissend, dass die Auflagen des Bauamts größere Veränderungen in der Regel verbieten. Aufstocken ist zumeist untersagt. Gläserne Saunen mit Wattblick oder Carports aus Kunststoff kann man vergessen.

Gern werden auch Baumängel verschwiegen, ein Klassiker der Trickserei.

Sylt ist bekanntlich eine Insel im hohen Norden, es regnet ausgiebig, die Luftfeuchtigkeit ist relativ hoch. Wenn ein Objekt länger leer steht und nicht regelmäßig durchgelüftet wird, gibt es bald ein Problem: Schimmel. Ein Fall für versierte Handwerker, keine Frage. Schließlich sorgt Schimmelbefall nicht nur für unschöne Flecken, er gefährdet vor allem die Gesundheit.

Aber es geht auch anders.

Vor einiger Zeit traf ich auf der Straße einen Makler, der es ziemlich eilig hatte. Er sei auf dem Weg zu einer Besichtigung, erzählte er. Zu meinem Erstaunen schleppte er eine Baumarkttüte mit sich herum.

»Wollen Sie renovieren?«, erkundigte ich mich arglos.

»Ach was.« Mit einem kleinen Zwinkern öffnete er seine Tüte. Sie war vollgestopft mit Farbtöpfen und Pinseln. »Vor der Besichtigung muss ich alles noch ein bisschen aufmotzen, na ja, Sie wissen schon.«

»Nein, was denn?«

»Na, den Schimmel überstreichen«, erwiderte er grinsend. »Das ganze Haus ist voll davon. Aber das pinsele ich alles weg, bevor die Interessenten kommen.«

Ja, auch so kann man den Maklerberuf auffassen.

Äußerst beliebt ist der Trick, einen zögernden Interessenten unter Druck zu setzen. Es gebe einige weitere ernsthafte Kaufinteressenten, behauptet der Makler in diesem Fall, deshalb solle man besser umgehend zuschlagen.

Bei der Zweitbesichtigung findet dann eine kleine Theatervorstellung statt. Sämtliche Freunde und Bekannte des Maklers erscheinen geschniegelt und gebügelt, um vermeintliche Konkurrenten zu mimen. Mit ernsten Gesichtern murmeln sie so etwas wie: »Ja, nehme ich«, oder: »Die Finanzierung steht.«

So mancher Käufer fällt darauf rein. Wer ahnt denn auch schon Böses?

Andere Makler versuchen, erfolgreichere Kollegen ins Aus zu kicken, indem sie diese bei Immobilieneigentümern schlecht machen. Ohne irgendwelche Beweise, aber mit einem Hintergedanken: Die Aufarbeitung und die Erklärungen kosten den lästigen Konkurrenten ungeheuer viel Zeit und Energie – die er dann nicht für seinen Beruf hat.

Hat da jemand Rufschädigung gesagt?

Solche Methoden sind nichts für mich. Lieber verlasse ich mich auf meine Professionalität und mein jahrelang aufgebautes Netzwerk. Ohne Prosecco, üble Nachrede oder pietätlose Tricks.

Zu meinen Tippgebern gehören Multiplikatoren unterschiedlichster Art – in erster Linie zufriedene Verkäufer oder Käufer aus meinem Kreis. Wir kennen uns lange, man tauscht sich aus, und die Privatsphäre potenzieller Kunden bleibt dabei hundertprozentig gewahrt.

Eine Sonderstellung nehmen die sogenannten Hochleistungsrentner ein. Das sind extrem gut vernetzte ältere Herrschaften, die bei jeder Veranstaltung dabei sind und viel Zeit für Gespräche haben. Meist erfahren sie als Erste, wenn ein Haus verkauft werden soll.

Sylt mag mondän sein, glamourös, weltläufig, aber im Grunde leben wir in einem charmant verklatschten Dorf. Jeder weiß hier Bescheid über jeden. Genau das liebe ich an unserer Insel. Wir sind eine Schicksalsgemeinschaft, durch Dick und Dünn. Wie dünn das Eis ist, auf dem manche Makler ihre Pirouetten drehen, spricht sich natürlich auch schnell herum.

Ein besonders krasser Fall war die Doppelhaushälfte, die einem Schweizer Unternehmer angeboten wurde. Sechs Millionen sollte sie kosten. Der betreffende Makler zeigte seinem Kunden die wirklich sehr schöne Haushälfte, anschließend bat er ihn in sein Büro.

Dort kam es dann zu einem denkwürdigen Gedankenaustausch.

Der Kunde hatte gehört, Sylt sei unwahrscheinlich teuer. Während er sich zusammen mit dem Makler über die Grundrisse beugte, machte er seinem Herzen Luft.

Das sei ja wirklich komplett irre, so eine Doppelhaushälfte für sechs Millionen zu kaufen. Aber was solle man machen? Ihm gefalle sie, seiner Freundin auch, also sei die Sache abgemacht.

Der Makler konnte sein Glück kaum fassen.

Jeder anständige Kollege hätte seinen Kunden natürlich sofort darüber aufgeklärt, dass er für diese Summe das ganze Haus bekommt. Nicht so dieses nachtschwarze Schaf.

In Nepper-Schlepper-Bauernfänger-Manier setzte er eine betrübte Miene auf und stimmte zu: Jaja, das sei in der Tat eine stolze Summe für eine Haushälfte. Aber im Grunde sei das doch ein Schnäppchen bei den Preisen, die man hier aufrufe.

So ging man hochzufrieden auseinander.

Der Kunde mit dem Gefühl, eine gute Entscheidung getroffen zu haben. Der Makler mit der klammheimlichen Genugtuung, einen Unternehmer ganz lässig und nebenbei übers Ohr gehauen zu haben.

Ohne Sauna geht gar nichts

Es war schon immer etwas teurer, einen besonderen Geschmack zu haben – mit diesem Slogan warb einst eine Zigarettenmarke. Als Makler auf Sylt denke ich täglich an diesen Spruch.

Vor Kurzem hatte ich eine Kundin, deren Ansprüche extrem hoch waren. Schon ihr Lebensstil passte irgendwie zu Sylt. Wie viele andere Inselgäste auch reiste sie per Flugzeug an, während ihr Fahrer das Auto den ganzen langen Weg von Bayern auf die Insel brachte. Samt Gepäck.

Kleine Zwischenbemerkung: Es gibt einen bestimmten Privatjet, der des Öfteren auf Sylt landet. Im Cockpit sitzt der König von Thailand. Leibhaftig. Für den Pilotenschein absolviert er in Begleitung eines Fluglehrers regelmäßig die Strecke Bayern–Sylt, um auf die erforderlichen Flugstunden zu kommen. Er steigt nicht aus. Nur ein kurzer Tankstopp, dann geht es wieder in die Lüfte.

Zurück zu der Dame. Alles in allem war sie eine Frau, die sich wohl noch nie größere Sorgen machen musste. Die Eltern hatten ihr ein Vermögen vererbt, ihr zukünftiger Ehemann war ebenfalls äußerst vermögend, wie sie mir berichtete.

Ihre größte Sorge bestand darin, nach dem Junggesellinnenabschied mit einem Herztattoo auf der Schulter aufzuwachen. Ja, und nun wollte sie pünktlich zu den Flitterwochen ein Haus auf Sylt. Selbstverständlich eine Reetdachvilla, selbstverständlich in bester Lage.

»Die Ausstattung muss aber was ganz Besonderes sein, Herr Weißmann«, sagte sie sehr bestimmt.

»Verstehe. Und was heißt das im Einzelnen?«

»Ohne Sauna geht gar nichts.«

Anerkennend musterte ich ihre durchtrainierte Gestalt. »Dann leben Sie wohl sehr gesundheitsbewusst?«

Ein feines Lachen kräuselte ihre Lippen. »Nein, eine Sauna ist ungemein praktisch, müssen Sie wissen. Ich trockne immer meine Kaschmirpullover darin.«

Das sind sie, diese besonderen Syltmomente.

Mein Mund klappte auf und wieder zu. Ich war einfach nur noch baff.

Ähnliches habe ich später noch öfter gehört. In Tinnum und Westerland wurden Saunen früher während der Hochsaison als Schlafgelegenheit vermietet, in Kampen und in Keitum benutzen die Leute sie halt zum Trocknen von Kaschmirpullovern.

Manche Kunden zweckentfremden ihre Sauna auch als Abstellraum.

Ein sehr kultivierter Herr aus Niedersachsen hatte sein Zeitungsarchiv darin eingerichtet. Genauer gesagt waren es von Künstlern gestaltete Ausgaben der Tageszeitung *Die Welt* und andere seltene Ausgaben weiterer Magazine, die er in der Sauna hortete. Nur wusste seine Frau leider nichts davon. Auch nicht, dass sogar auf dem Ofen Zeitungsstapel lagen. Als sie für ein Wochenende anreiste, stellte sie als Erstes die Sauna an, um sie vorzuheizen, dann ging sie kurz einkaufen.

Man kann auf Sylt wunderbar shoppen – Kleidung, Schmuck, Möbel, Deko. Für den verwöhnten Gaumen huscht man noch schnell auf ein paar Austern bei *Gosch* in Westerland vorbei.

Das Haus brannte bis auf die Grundmauern nieder.

Apropos Sauna: Sehr gut erinnere ich mich noch an das Ehepaar, dessen neues Haus später als geplant bezugsfertig wurde. Die Handwerker entschuldigten sich vielmals: Es habe Komplikationen gegeben, man rechne mit drei weiteren Monaten, vielleicht auch vier. Die Ehefrau erzählte es mir ziemlich entnervt, als sie zu einem Krisengespräch in mein Büro kam. Trotz der kühlen Temperaturen, die an diesem Tag herrschten, trug sie nur ein Glitzertop zu roten Lederleggings.

»Also wirklich, Herr Weißmann, das ist eine Katastrophe«, beschwerte sie sich. »Sie müssen uns helfen. In vier Wochen wollen wir eine große Party auf Sylt feiern. Mein Mann wird fünfzig. Die Einladungen sind längst raus.«

»Hm. Und wie wäre es, wenn Sie mit Ihren Gästen in einem Restaurant feiern?«, schlug ich vor.

Ihre pinkfarben geschminkten Lippen formten sich zu einem Schmollmund. »Kommt überhaupt nicht infrage. Aber die Ferienhäuser sind alle ausgebucht. Was können wir denn da tun?«

»Warten Sie, eine Sekunde.«

Ich aktivierte meinen Laptop, scrollte durch das Angebot von Miethäusern und drehte den Monitor so, dass die Dame draufschauen konnte.

»Vielleicht wäre das hier eine geeignete Zwischenlösung. Ein Mietshaus mit fünf Schlafzimmern und einem offenen Wohnbereich im Loftstil. Der Garten ist weitläufig genug, um darin Partyzelte aufzubauen.«

»Was kostet es?«

»Dreißigtausend im Monat.«

Sie zuckte nicht mit der Wimper. »Perfekt. Machen Sie den Mietvertrag klar.«

Doch ganz perfekt war die Lösung wohl doch nicht. Am nächsten Morgen rief mich die Dame früh um sechs an.

»Wir würden für die Wartezeit doch lieber was kaufen. Könnten Sie mir ein paar Angebote schicken?« Sie nannte eine unfassbar hohe Summe und sprach sie so beiläufig aus, wie andere Leute über Brötchenpreise reden.

Sie hatte Glück. Soeben waren mir zwei geeignete Objekte zum Verkauf anvertraut worden. In Rekordzeit gingen die Verträge über die Bühne. Danach rief mich die Dame wieder an. »Können Sie mir ein paar gute Handwerker organisieren, Herr Weißmann? Es muss aber fix gehen.«

»Was für Handwerker benötigen Sie denn?«, erkundigte ich mich.

»Die Sauna muss ausgebaut werden, wir brauchen noch einen Raum für die Nanny.«

Sehr nobel, ein Kindermädchen in einem winzigen fensterlosen Raum unterzubringen. Diesen Gedanken behielt ich allerdings für mich.

»Das ist nicht so einfach«, sagte ich stattdessen. »Zum einen verursacht der Ausbau immense Kosten, zum anderen ist eine Sauna ein gutes Verkaufsargument, wenn Sie das Haus in vier Monaten veräußern.«

»Kein Problem«, zwitscherte sie. »Bevor wir ausziehen, lassen wir die Sauna einfach wieder einbauen.«

Ich hätte es wissen müssen – aus meinem nicht ganz ernst gemeinten humorvollen Vorschlag, dass man sich auch etwas kaufen kann, um es danach einfach zu vermieten, wenn das Traumdomizil dann fertig ist, wurde Ernst. Für manche Menschen gibt es wirklich kein Limit.

Wenn Geld keine Rolex spielt

Reden wir mal über Zahlen. Auch ganz normale Touristen wissen, dass die Preisgestaltung auf Sylt nichts für schwache Nerven ist. Schon an der Supermarktkasse stellt man fest, dass der übliche Inselzuschlag teilweise ungelogen bis dreißig Prozent beträgt – schließlich muss jeder einzelne Joghurtbecher auf dem Seeweg oder per Autozug herangeschafft werden.

Stellt man höhere Ansprüche, glüht die Kreditkarte.

Man kann auf Sylt auch für viel Geld schlecht essen gehen oder für seltene Kaffeespezialitäten bis 15 Euro bezahlen. (Googeln Sie einfach mal Kopi-Luwak-Schleichkatzenkaffee …) In vielen Edelrestaurants gibt es kein Menü unter zweihundert Euro, und bei den Getränken muss man noch mal kräftig drauflegen.

Herbert Seckler, Chef der legendären *Sansibar,* hat unter anderem Rotweine der kalifornischen Diamond Creek Winery im Angebot. »Mit ausgeprägter Säure, vibrierender Mineralik und animierender Frucht«, wie es auf der Website heißt. Der Star des *Sansibar*-Weinkellers ist eine Fünfliterflasche Diamond Creek. Für zwanzigtausend Euro.

Eine standesgemäße Unterbringung ist ebenfalls nicht gerade billig. In den besten Häusern am Platze kann eine Suite in der Hauptsaison schon mal zweitausend Euro und mehr pro Nacht kosten.

Dann doch lieber ein Ferienhaus? Das Angebot ist attraktiv, aber wenn man mehrere Schlafzimmer und einen großen Garten möchte, ist man leicht eintausendachthundert Euro pro Nacht los. Neulich hörte ich von einer großen Ferienvilla in bester Lage, die inklusive Personal sechsundzwanzigtausend Euro kostet – pro Woche. Im Internet vergeblich zu finden, sondern »off-market« erhältlich.

Insofern ist es durchaus vernünftig, wenn sich Syltfans mit hoher Wiederholungsquote für ein eigenes Domizil entscheiden. Auf der sicheren Seite ist man sowieso.

Im Ernst: Eine Immobilie auf Sylt ist eine bessere Anlage als Gold.

Neulich wurde eine wirklich winzige Dachgeschosswohnung in Westerland angeboten. Mit genau 13,93 Quadratmetern. Früher nannte man so was ganz salopp Wohnklo, heute wird es als »Mikro-Apartment« tituliert. Der Kaufpreis: eine knappe Viertelmillion.

Verrückt? Der Sylter Immobilienboom macht's möglich. Seit Mitte der Sechzigerjahre haben sich die Preise rasant entwickelt. Fachleute sprechen von einer starken »Marktdynamik«.

Abzusehen war das keineswegs. Selbst ein kluger Kopf wie Wolfgang Menge konnte sich nicht vorstellen, wie rasant die Wertsteigerung ausfallen würde. Der markante Glatzkopf, den mancher noch als Drehbuchautor erfolgreicher Fernsehformate wie *Millionenspiel* und *Stahlnetz* kennt, verpasste die vielleicht größte finanzielle Chance seines Lebens.

In den Fünfzigerjahren spielte er mit dem Gedanken, ein Grundstück am Kampener Strönwai, der sogenannten Whiskey-Meile, zu kaufen. Drei Mark pro Quadratmeter sollte Menge berappen. Nach Meinung einer Bekannten aus Kampen viel zu viel: »Wolfgang, das ist Wucher«, soll sie gesagt haben.

Schon wenige Jahre später erwies sich die Ansage als fatale Fehleinschätzung: Da ging die Fläche für vier Millionen

Mark an einen anderen Käufer, und inzwischen würde man hier mindestens dreißigtausend Euro pro Quadratmeter bezahlen.

Die Sylter Grundstückspreise sind mittlerweile so hoch wie fast nirgendwo sonst in Europa. Kampen ist Spitzenreiter. Wer's amtlich möchte: Die Bodenrichtwerttabelle des Landes Schleswig-Holstein beziffert den Anschaffungspreis eines Keitumer Hauses mit Wattblick auf mehrere Millionen Euro. In Kampen ist in Wattenmeerlage unter dreißig Millionen nichts mehr zu haben.

Und ein Ende der Wertsteigerung ist nicht in Sicht. Seit Beginn der Corona-Pandemie sind die Preise teilweise sogar noch mal um zwanzig bis dreißig Prozent gestiegen.

Viele Unentschlossene schlugen zu, als die Reisebeschränkungen Urlaube in Hotels und gemieteten Ferienhäusern verboten. Während des harten Lockdowns waren zwar auch Aufenthalte in Zweitwohnsitzen untersagt, mit den Lockerungen wurde diese Regelung jedoch zurückgenommen. Nun durfte man wieder ins eigene Heim. Da lag es doch nahe, den alten Spruch zu beherzigen: *Eigener Herd ist Goldes wert.*

Natürlich werden auch weniger teure Häuser verkauft, und man darf auch nicht die vielen Eigentumswohnungen vergessen, die hier regelmäßig den Besitzer wechseln. Doch was Sylt zum Faszinosum macht, ist die Anziehungskraft für Leute, die sich weder mit Krediten noch mit Finanzierungsmodellen herumschlagen müssen.

Wer hat, der hat. Finanzexperten schätzen, dass es die Sylter Teilzeitresidenten auf ein Gesamtvolumen von zweihundert Milliarden Euro Vermögen bringen.

Auf unserer Luxussandburg im hohen Norden habe ich es daher mit gewissen Extravaganzen zu tun.

Am begehrtesten ist alles mit Blick: aufs Meer, aufs Wattenmeer, auf weite Wiesen oder schöne Reetdachhäuser, gern auch auf einen Leuchtturm. Davon gibt es fünf auf Sylt, vier sind noch in Betrieb. Allerdings beschweren sich manche Kunden hinterher über den Lichtkegel, der nachts durchs Schlafzimmer huscht.

Zum Thema *Lage, Lage, Lage* widerfuhr mir unlängst eine besondere Begegnung.

Schon im Vorfeld hatte der Kunde betont, das Beste sei gerade gut genug. Das höre ich öfter. Aber dieser Kunde war ein wahrer Blickfetischist. »Ich will nur Natur sehen, wenn ich aus den Fenstern gucke«, sagte er, als wir telefonierten. »Kein Haus, keinen Supermarkt, kein Garnichts.«

Die Suche nach solch einem Objekt erwies sich als etwas schwierig. Umso glücklicher war ich, als ich etwas Passendes fand: ein Einzelhaus, umgeben von hügeliger Heidelandschaft.

Sogleich schickte ich dem Kunden das Exposé.

Eine Woche später stand er in meinem Büro. Achtundzwanzig Jahre jung, verspiegelte Sonnenbrille, fachgerecht blondierte Haartolle über der gebräunten Stirn.

»Geld spielt keine Rolex«, waren seine ersten Worte. »Können Sie mir garantieren, dass ich wirklich nur Natur sehen werde?«

Ich zeigte ihm die aktuellen Bebauungspläne. Rund um das Haus lagen vier weitere Grundstücke, allesamt naturbelassen.

»Und da darf man wirklich keine Häuser draufsetzen?«, vergewisserte er sich.

Ich schüttelte den Kopf. »Nach menschlichem Ermessen – nein. In den letzten Jahren wurden auf Sylt kaum noch Baugenehmigungen erteilt.«

»Das reicht mir aber nicht!«, brauste er auf. Dann beugte

er sich schweigend über die Bebauungspläne. Das Schweigen zog sich in die Länge.

»Ich kann gern weitersuchen«, versuchte ich einzulenken.

»Nee, nee.« Er nahm die Sonnenbrille ab und klappte sie zusammen. »Butter bei die Fische. Ich nehme das Haus und kaufe die vier anderen Grundstücke gleich mit. Sicher ist sicher – so kann mir keiner mit irgendeiner hässlichen Bude in die Quere kommen.«

Das nennt man wohl eine konsequente Entscheidung.

Wohin mit der ganzen Kohle?

Geld ist eine hochverderbliche Ware geworden. Früher trug man es zur Bank und wartete auf die Zinsen. Heute muss man der Tatsache ins Auge sehen, dass Inflation und Negativzinsen in rasantem Tempo am Ersparten nagen.

Was also tun?

Vor diesem Hintergrund ist eine Immobilie auf Sylt natürlich eine zuverlässige Investition – schließlich möchte man ja nicht durch Liquidität verarmen.

Das dachte sich auch ein betagter, aber noch recht rüstiger Herr aus dem Fränkischen, der in mein Büro kam, weil er sich für ein Friesenhaus in List interessierte.

»Ich möchte meinen drei Kindern etwas hinterlassen«, erklärte er mir. »Etwas von Wert. Vor allem etwas, das seinen Wert behält.«

Dafür war der Witwer sogar bereit, trotz seiner achtundsiebzig Jahre mit Sack und Pack nach Sylt umzuziehen. Das dauernde Hin- und Herreisen sei ihm zu beschwerlich, sagte er, und die gute Sylter Luft habe ja auch Vorteile für die Gesundheit. Er entschied sich schnell. Das Geld war da, seine Entschlossenheit groß, also ging der Verkauf zügig vonstatten.

Am Tag nach dem Umzug besuchte ich ihn in seiner neuen Bleibe. Das Haus war von innen nicht mehr wiederzuerkennen. Wie so viele ältere Menschen hatte er sich von nichts trennen können. Überall versperrten Möbel den

Weg, die Wände waren mit Bildern nur so gepflastert, und ich zählte nicht weniger als fünfzehn Stühle, die kreuz und quer herumstanden.

Auch im Keller herrschte drangvolle Enge. Es war mir wirklich ein Rätsel, warum dieser alte Herr vor seinem Umzug nicht gründlich ausgemistet hatte. Im Ernst: Was wollte er mit dem verrosteten Motorrad, der eingestaubten Werkzeugbank und der riesigen vergilbten Kühltruhe aus den Siebzigern?

»Doch, doch, das brauche ich alles vielleicht noch«, antwortete er auf meine erstaunte Nachfrage.

Nun, wenn es ihn glücklich machte …

Wenig später lernte ich auch seine erwachsenen Kinder kennen, zwei Töchter und einen Sohn. Sie hatten um einen Termin gebeten, weil sie meinen Rat wollten. Nachdem wir im Büro Platz genommen hatten, schütteten sie mir ihr Herz aus.

»Das Haus ist toll, wirklich, vielen Dank nochmals«, eröffnete der Sohn das Gespräch.

»Aber das Innenleben ist der reine Horror«, übernahm eine seiner Schwestern. »Sie haben ja gesehen, wie es da drin aussieht. Das grenzt schon an Messietum.«

Ganz so dramatisch fand ich es zwar nicht, letztlich musste ich ihr jedoch recht geben: Die schönen Räume wurden von den vielen Möbeln sowie den Bergen von Schnickschnack förmlich erdrückt, und im Keller befand sich nur wertloser Plunder.

»Was kann ich für Sie tun?«, fragte ich.

»Wir haben uns gedacht, dass wir unserem Vater einen großen Gefallen tun, wenn wir die Bude ein bisschen entrümpeln«, erwiderte die andere Tochter. »Können Sie vielleicht jemanden empfehlen, der uns dabei behilflich ist?«

»Klar, gern.«

Ich scrollte schon auf meinem iPad und rief eine Datei auf, in der ich Umzugsunternehmen und Entrümpelungsfirmen abgespeichert habe.

Doch dann fiel mir etwas ein. »Sekunde mal, was wird denn Ihr Vater dazu sagen? So, wie ich ihn einschätze, wäre er doch sicher strikt dagegen.«

»Darüber haben wir auch schon nachgedacht.« Der Sohn beugte sich etwas zu mir vor. »Ganz im Vertrauen – ich werde unseren Vater zu einer Reise nach Italien einladen. In seiner Abwesenheit kommen dann meine Schwestern nach Sylt und organisieren die Entrümpelung.«

»Natürlich schmeißen wir nicht alles raus«, sagte eine der Töchter beschwichtigend. »Das Wichtigste bleibt drin, das, woran mein Vater am meisten hängt. Aber der Keller muss definitiv ausgeräumt werden. Das Motorrad ist Schrott, die Werkbank hat er seit Jahrzehnten nicht benutzt, und die olle Kühltruhe ist total vergammelt.«

»Wir werden ihm natürlich eine neue Kühltruhe kaufen«, ergänzte der Sohn.

Ich war gerührt von so viel Fürsorge und Anteilnahme. Ein Hauch Skepsis blieb dennoch zurück. Die Kinder meinten es gut, andererseits empfand ich ihre Hilfsaktion auch als leicht übergriffig.

Nachdem ich das Trio beschworen hatte, bloß nicht zu viel wegzuwerfen, leitete ich die Kontaktdaten der einschlägigen Firmen an die Töchter weiter.

Drei Wochen später rief mich der alte Herr an. »Herr Weißmann, mein Sohn hat mich auf eine Italienreise eingeladen. Ist das nicht nett?«

»Hm, ja, sehr nett.«

»Wir sind zehn Tage weg. Dürfte ich Sie vielleicht bitten, in der Zwischenzeit ab und zu nach dem Rechten zu schauen?«

Ich versprach es ihm.

Der Sohn holte ihn persönlich mit dem Wagen ab. Danach fuhr ich regelmäßig an dem Haus vorbei. Es war gut gesichert, alles schien in bester Ordnung zu sein.

An einem Tag wurde ich Zeuge der Entrümpelungsaktion. Fünf schwer arbeitende Männer waren damit beschäftigt, alles aus dem Haus zu tragen, was die Kinder für überflüssig befunden hatten. Es war eine Menge Zeugs.

Die beiden Töchter baten mich auf einen Kaffee herein. Bei der Gelegenheit konnte ich mich davon überzeugen, dass sie wirklich nur arg ramponierte Möbel aussortiert hatten. Im Grunde fiel kaum auf, dass das Haus kräftig entschlackt worden waren. Doch jetzt konnte man sich in den Räumen bewegen, ohne dauernd an etwas Sperriges zu stoßen. Auch der Keller war picobello aufgeräumt. Kein Plunder stand mehr herum, und aus einer Ecke am Fenster leuchtete mir eine funkelnagelneue schneeweiße Kühltruhe entgegen. Die alte war schon Tage vorher beim Schrotthändler gelandet.

Es war ein lauer Sommerabend, als kurz darauf mein Handy klingelte.

»Herr Weißmann! Sie müssen sofort kommen!«

Es war der alte Herr, und er klang so verzweifelt, dass ich mich auf der Stelle ins Auto setzte und zu ihm fuhr. Er empfing mich völlig aufgelöst im Vorgarten.

»Es ist eine Tragödie, Herr Weißmann, eine Tragödie!«

Ich versuchte ihn zu beruhigen.

Sicher, das eine oder andere sei jetzt weg, doch seine Kinder hätten sich wirklich viel Mühe gegeben, um alles schön herzurichten. Besonders das Wohnzimmer sei doch jetzt viel luftiger ohne die vielen Möbel.

»Das Wohnzimmer ist mir schnuppe«, sagte er mit brüchiger Stimme. »Es geht um den Keller.«

»Wieso?«, wunderte ich mich. »Das Motorrad war doch völlig verrostet, und die Werkbank …«

»Herrgott, die Kühltruhe ist weg, Herr Weißmann!«, fiel er mir ins Wort.

»Aber Ihre Kinder haben Ihnen doch eine neue geschenkt.«

»Das ist es ja.« Am Boden zerstört ließ er den Kopf hängen. »Nach dem Hauskauf hatte ich noch viel Geld übrig. Das wollte ich vor dem Wertverlust retten. Ich meine – wohin mit der ganzen Kohle? Die Inflation frisst ja sonst alles auf. Und von den Negativzinsen, die einem die Banken abknöpfen, müssen wir gar nicht erst anfangen.«

Auf einmal wurde meine Kehle ganz trocken. »Was haben Sie getan?«, flüsterte ich.

»Brillanten gekauft. Die habe ich in einer Erbsenpackung versteckt und in die Kühltruhe gelegt.«

»O Gott.«

»Das schien mir nun mal am sichersten zu sein.« Ein flammender Blick traf mich. »Verstehen Sie es jetzt, Herr Weißmann? Was soll ich mit einer neuen Kühltruhe? In der alten lagen Brillanten im Wert von mehreren einhunderttausend Euro!«

Begrünte Selbstverwirklichung

Ein weiser Mann sagte mal: »Der beste Weg zu sich selbst führt durch den Garten.« Ein schöner Satz. Falls er stimmt, wimmelt es auf Sylt von Menschen, die unterwegs zu sich selbst sind. Hier sieht man wirklich tolle Gärten, sofern die Sicht nicht durch mannshohe Mauern und Hecken versperrt wird.

Das ist allerdings die Regel. Fachleute sprechen vom »Friesenwall«. Er besteht aus einer breiten Natursteinmauer, obendrauf wuchern Hortensien oder Heckenrosen – für blickdichte Privatheit mit Stil.

Eine andere Tradition ist der Bauerngarten nach Keitumer Vorbild. Dazu gehören ein farbenfroher Blumenmix, Beerensträucher und vielleicht noch Obstbäume am Rand. Ganz stilecht wird der Bauerngarten durch ein Blumenrondell, eingefasst mit weißen Steinen.

Doch Sylt wäre nicht Sylt, wenn es einfach darum ginge, ein paar Blümchen zu pflanzen. Wie hoch die Latte der Ansprüche liegt, merkt man spätestens bei der Gestaltung von eigenem Grund und Boden. Auch hier darf's immer ein bisschen mehr sein.

Einer meiner Kunden erwarb kürzlich ein Anwesen, das mit Heidekraut umwachsen war, träumte aber vom Frühstücken unter einem grünen Blätterdach.

So was braucht Zeit. Bäume wachsen bekanntlich im Schneckentempo. Doch so viel Geduld brachte der Kunde nicht auf. Er wollte seinen Traum jetzt und sofort verwirklichen. Also engagierte er einen renommierten Gartenarchitekten und unterbreitete ihm seine Wünsche.

Es wurde ein ehrgeiziges Projekt. Der frischgebackene Hausbesitzer bestand darauf, sein Grundstück nicht nur mit Büschen und Stauden bepflanzen zu lassen, sondern auch mit ausgewachsenen hohen Bäumen. Das ist die Königsklasse der Gartenkunst. Und ein teures Vergnügen. Insgesamt belief sich das Volumen des geplanten Gartens auf eine knappe Million.

Nicht jeder versteht solche Dimensionen auf Anhieb. Als das involvierte Architekturbüro die Rechnung stellen wollte, wurde eine neue Mitarbeiterin vom Festland damit beauftragt. Hoch motiviert checkte sie die Excel-Tabelle des Kostenvoranschlags. Und stutzte. Neunhunderttausend Euro für einen Garten? Da konnte doch was nicht stimmen!

Gut, sie war jung und kam aus Gelsenkirchen. Vielleicht war sie auch nicht gerade der spitzeste Bleistift im Etui. Fakt ist, dass sie kurzerhand die Zahlen korrigierte. Posten für Posten löschte sie eine Null. Danach mailte sie die Rechnung an den Kunden.

Am nächsten Tag war die Hölle los. Schon morgens um sieben bekam ihr Chef einen Anruf des wütenden Gartenbesitzers. Was das denn bitte schön zu bedeuten habe? Allein die fünf Meter hohe amerikanische Roteiche schlage doch mit sechsunddreißigtausend Euro zu Buche. Für schlappe dreitausendsechshundert Euro sei allenfalls ein mickriges Pflänzchen zu haben. So habe er sich das nicht vorgestellt!

Der Chef tobte, die Mitarbeiterin entschuldigte sich zerknirscht. Alle Nullen mussten wieder dran.

Ein anderer Kunde hatte sich in den Kopf gesetzt, sein Grundstück durch allerlei exotische Pflanzen zu verschönern. Er liebte die mediterrane Vegetation, und die wollte er auch auf Sylt genießen.

Nun ja, Selbstverwirklichung ist das eine, das Nordseeklima etwas ganz anderes. Das teilte ihm auch der hinzugezogene Gartenarchitekt mit. Wortreich erklärte er seinem Auftraggeber, dass sich hier im hohen Norden typischerweise Hagebuttenhecken, Sanddorn und Dünenrosen wohlfühlten. Auch Hortensien und Rhododendron liebten Standorte an der salzigen Luft.

Die Stimme der Vernunft verhallte ungehört.

In den nächsten Wochen war eine vielköpfige Gärtnercrew damit beschäftigt, Wagenladungen voll mediterraner Gewächse anzupflanzen. Dafür musste erst mal Mutterboden aufgeschüttet werden, denn in der sandigen Sylter Erde schlägt nicht alles Wurzeln, was von weit her importiert wird.

Nach vier Wochen zitierte der Hausbesitzer seinen Gartenarchitekten aufs Grundstück. Er war ziemlich aufgebracht. Wie es sein könne, dass so viele Pflanzen braune Blätter hätten. Ob da vielleicht Minderwertiges bestellt worden sei.

Der Architekt besah sich das Malheur. Fachmännisch ging er von Pflanze zu Pflanze, inspizierte die braunen Blätter, zupfte trockene Blüten ab. Dann zog er seinen Taschenrechner hervor. »Das ist Salzbrand«, sagte er. »Sorry, das hatte ich Ihnen prophezeit. Die salzige Luft wirkt wie eine Säure auf manche Pflanzen. Grob geschätzt beläuft sich der Schaden auf sechzigtausend Euro.«

Aber das ist noch nichts gegen das Pech, das einem anderen meiner Kunden widerfuhr.

Im Drang, seinen Garten völlig neu anzulegen, machte er kurzen Prozess und ließ einen Bagger kommen. Der schaufelte Kubikmeter für Kubikmeter alles weg, was dem Kunden missfiel: Büsche, Blumen, Bäume, einfach alles.

Als tags darauf der Nachbar anreiste, traute er seinen Augen nicht: Sein gesamtes Grundstück war zerstört. Schnell fand er den Urheber des Desasters heraus – den neuen Hausbesitzer nebenan.

Manchmal steckt einfach der Wurm drin.

Als mein Kunde den Bagger gebucht hatte, war ihm ein winziger Zahlendreher bei der Hausnummer unterlaufen. Ein kleiner Fehler mit dramatischen Folgen: Die Firma rückte im falschen Garten an.

Das Geheimnis des Homestagings

Es gibt generell zwei Arten von Kunden: Die einen suchen eine reine Kapitalanlage, die anderen ein Zuhause. Manchmal trifft auch beides zu.

Doch es gibt wesentliche Unterschiede. Wer lediglich ein kühl kalkuliertes Investment tätigt, agiert relativ emotionslos. Er prüft Lage und Preis, vergleicht beides mit ähnlichen Objekten – und schlägt umgehend zu.

So geschehen vor Kurzem in Kampen. Dort stand ein stark renovierungsbedürftiges Friesenhaus zum Verkauf, das jahrelang ein Mauerblümchendasein gefristet hatte. Diverse Makler versuchten sich daran, ohne Erfolg.

Bis die Preise seit Beginn der Coronakrise durch die Decke gingen. Prompt fand sich ein Käufer, der zehn Millionen für das Haus bezahlte. Er hatte sich ein Handyvideo zuschicken lassen, das reichte ihm vollauf. Die Eckdaten sprachen schließlich für sich.

Ganz anders geht es zu, wenn jemand in seiner eigenen Immobilie wohnen will.

Eine einschlägige Studie besagt, dass fünfundachtzig Prozent der Frauen und knapp siebenundsiebzig Prozent der Männer bei dieser Art des Immobilienkaufs auf ihr Bauchgefühl hören. In diesem Falle spielen Emotionen eine Schlüsselrolle, und die Besichtigung gleicht einem ersten Date: Der erste Eindruck zählt.

Wirkt das Objekt anheimelnd, gemütlich? Ist es repräsentativ genug? Kann sich der Kunde vorstellen, darin zu wohnen? Ist es vielleicht sogar Liebe auf den ersten Blick?

Neben Lage, Größe und Zustand der Immobilie ist oft die Einrichtung ausschlaggebend.

Ich habe schon Kunden erlebt, die sich spontan zum Kauf entschlossen, weil sie sich in die schöne Couchgarnitur des Vorbesitzers verliebt hatten. Oder in die Hightechküche.

Das Auge kauft halt mit.

Umgekehrt kann ein verkramtes Ambiente Interessenten gehörig abschrecken. Vollgestellte Wohnzimmer, Küchen mit schmutzigen Töpfen oder zugemüllte Badezimmer, die aussehen wie ein explodierter Drogeriemarkt – so was vergrault auch den willigsten Käufer.

Mehr als einmal habe ich schon persönlich aufgeräumt. Nach dem Motto »Alles muss raus« entsorge ich dann vertrocknete Zimmerpflanzen, stelle das Geschirr in die Spülmaschine, sammle herumliegendes Kinderspielzeug ein.

Ich nenne es Ambiente-Detox.

Vor allem persönliche Dinge stören den Gesamteindruck. Woran Vorbesitzer oder Mieter leidenschaftlich hängen, ist nicht unbedingt attraktiv für einen Interessenten. Wer will schon lebensgroße Strandfotos von Unbekannten sehen? Oder Kommoden, auf denen sich Souvenirklimbim stapelt? In solchen Räumen fühlt man sich als Eindringling – und ergreift die Flucht.

Hinzu kommt: Übermöblierte Räume, in denen die Besichtigung zum Hindernisparcours wird, wirken wesentlich kleiner.

Manchmal reicht es da schon, die drei Beistelltischchen oder den unförmigen Sessel rauszuschmeißen, und sofort wirkt der Raum größer, luftiger.

Auch eine gute Beleuchtung kann ausschlaggebend sein. Niemand fühlt sich in schummrigen Räumen wohl. Da sollte man alles anknipsen, was an Lichtquellen vorhanden ist, und zur Not weitere Lampen mitbringen.

Es ist halt ein bisschen wie beim Gebrauchtwagenhändler: Kein Mensch kauft ein ungewaschenes, müffelndes Auto mit Kekskrümeln auf den Sitzen.

Apropos Gerüche – auch die spielen natürlich eine große Rolle. Man glaubt gar nicht, welche olfaktorischen Katastrophen ich schon hinter mir habe. Ob's nach alter Kohlsuppe riecht oder nach Kettenrauchern in der dritten Generation, der Ekelfaktor kann extrem hoch sein. Noch schlimmer wird es, wenn sämtliche Ausdünstungen mit billigem Raumspray übertüncht wurden. So was erzeugt keinen Verkaufserfolg, nur akute Atemnot.

Ja, selbst am Geruch kann eine Besichtigung scheitern.

Doch man kann gegensteuern. Vor penetranten Duftbäumchen sei allerdings gewarnt. Davon wird einem schließlich schon beim Taxifahren schlecht. Nur gut gelüftete und dezent parfümierte Räume haben die Chance, einen angenehmen Eindruck zu hinterlassen.

Richtig schwierig wird es, wenn leere Immobilien angeboten werden. Hier steht man als Makler vor einer echten Herausforderung. Meist wirken kahle Räume unpersönlich, und nicht jeder Kunde bringt die Fantasie auf, wie sie gestaltet werden könnten. Deshalb hat sich in meiner Branche ein neuer Trend durchgesetzt: das Homestaging.

Der Begriff, zusammengesetzt aus *home* wie Zuhause und *stage* wie Bühne, ist zu einem Zauberwort des Immobilienbusiness geworden.

Auf den Punkt gebracht erschafft man dabei eine Atmosphäre, die den Käufer von den Vorzügen des besichtigten Objekts überzeugt.

Studien belegen: Die Kunden entscheiden sich wesentlich schneller für »gestagte« Objekte.

Inzwischen gibt es deshalb professionelle Homestager, die ihre Dienste auf dem Markt anbieten. In diesem Kontext spricht man auch von Homestyling oder Redesign. Jedes Detail ist dabei wichtig: die Möbel, die Farben, das Licht. Wie an einem Filmset kreieren sie Designwelten mit einem unwiderstehlichen Flair, um beim Kunden die Liebe auf den ersten Blick zu befeuern.

Handelt es sich um ein Haus, steht natürlich auch der Garten im Blickpunkt. Auf Sylt kann das ein gewisses Problem sein. Stand das Haus lange leer, ist der Garten oft vernachlässigt worden und bietet einen traurigen Anblick.

Dem kann man abhelfen. Ein paar große Hortensienbüsche in Terrakottatöpfen, und schon wirkt das Ganze etwas heiterer. Sogar für braunen Rasen gibt es eine Lösung: Vor dem Verkauf wird er einfach grasgrün eingefärbt.

Habe ich eine leere Immobilie im Angebot, betätige ich mich im Grunde zusammen mit Home-Staging-Profis als Innenarchitekt. Zunächst schaue ich mir die Räume an und lasse mich inspirieren. Wie sind die Proportionen? Welche Vorzüge könnte man hervorheben? Welche Farben sind angebracht? Danach entwickele ich ein entsprechendes Konzept.

Natürlich kann ich nicht jedes Mal eine komplette Einrichtung kaufen oder ausleihen. Also wird improvisiert.

Aus Leihmöbeln und farblich abgestimmten Kissen entsteht eine gemütliche Wohnzimmeratmosphäre. Mit Umzugskartons und einer geschmackvollen Tagesdecke erschaffe ich die Illusion eines Betts. Dazu ein paar stylishe Accessoires, und die Immobilie ist perfekt in Szene gesetzt.

Übrigens gelten die goldenen Regeln des Homestagings natürlich auch für Privatleute. Wer eine Immobilie in Eigenregie veräußern möchte, kann das eben Beschriebene als Tipp mitnehmen: aufräumen, entrümpeln, für gutes Licht sorgen. Dann klappt's auch mit dem Verkauf.

Manchmal kommt es allerdings zu Missverständnissen.

Einmal führte ich ein Ehepaar durch ein Haus in Archsum. Es war ein altes Friesenhaus, innen jedoch vollständig entkernt. Weiße Wände, das war's.

Ein klarer Fall fürs Homestaging.

Besonders liebevoll hatte ich das Schlafzimmer dekoriert. Zehn leere Umzugskisten waren für den Eindruck eines großzügigen Doppelbetts nötig gewesen. Darüber lag eine sensationell schöne XXL-Kunstfelldecke in Eisgrau, die Leihgabe einer Freundin.

Das Ehepaar war begeistert. Sie mochten das Haus, und besonders gefiel ihnen das Schlafzimmer.

»Herrlich, Herr Weißmann«, sagte die Frau verzückt. »Hier werden wir entspannte Nächte verbringen.«

Sprach's und ließ sich unvermittelt aufs Bett fallen, bevor ich es verhindern konnte. Auf das Bett, das keins war. Mit einem Riesenkrach fiel die Konstruktion in sich zusammen.

Wesentlich gefahrloser ist da schon das digitale Homestaging. Es funktioniert nach der Photoshop-Methode: Man erstellt ein Video als virtuellen Rundgang und modelt die Räume ansprechend um. Neue Wandfarben, neue Möbel, hübsche Gardinen – der Kreativität sind da keine Grenzen gesetzt.

Und blaue Flecken gibt's garantiert auch nicht.

Kurios hingegen finde ich es, wenn manche Leute ihr ganz eigenes Ding aus der Idee des Homestagings machen. Wie das geht?

Neulich war ich bei Kunden eingeladen, die nur selten auf die Insel reisen. Auch für die Einrichtung ihres Hauses hatten sie sich nie richtig Zeit genommen. Viel zu viel Stress.

Als sie nun ein großes Essen geben wollten, stellten sie fest, dass das Ambiente nicht prächtig genug war.

Bald rollten in Niebüll die Möbelwagen namhafter Designer auf den Autozug. Tische, Stühle, Schränke, Couchen, alles wurde in Windeseile herangekarrt.

Das Essen war ein durchschlagender Erfolg. Alle Gäste lobten die stilvolle Einrichtung. Am nächsten Tag fuhren die Möbelwagen wieder zurück aufs Festland. Mit sämtlichen Tischen, Stühlen, Schränken, Couchen, die so viel Bewunderung hervorgerufen hatten.

Das war Homestaging der Extraklasse. Aber so ist das eben: Die Welt ist eine Bühne, und manche Menschen sind einfach geborene Stager.

Kindermund & Co.

Zwei Dinge habe ich schnell in meinem Beruf gelernt. Erstens: Der Herrgott hat einen großen Tiergarten. Zweitens: Beim Immobilienkauf entpuppen sich selbst unauffälligere Menschen als hollywoodreife Schauspieler.

Zum Beispiel tun sie so, als ließe sie ein Objekt völlig kalt. Bei der Besichtigung verziehen sie keine Miene. Falls sie überhaupt mal einen Kommentar absondern, bekomme ich so einiges auf die Ohren.

»Was ist das denn für eine abgeratzte Bude?« – »Das ist ja ein grauenhaftes Farbkonzept!« – »Also, der Grundriss ist völlig unlogisch.« – »Und warum hat die Hundehütte kein Reetdach?«

Da muss man cool bleiben. Meist geht es nämlich nur darum, den Preis zu drücken: Man redet das Objekt systematisch schlecht, weil man auf einen saftigen Rabatt spekuliert.

Anderswo mag das funktionieren, aber auf Sylt? Keine Chance. Wo Grundstücke, Häuser und Wohnungen so knapp sind wie Toilettenpapier im ersten Corona-Lockdown, kann man froh sein, wenn es überhaupt klappt mit der eigenen Scholle.

Einmal hatte ich einen Besichtigungstermin mit einem sehr sympathischen Ehepaar. Das heißt, beim Vorgespräch wirkten sie sehr sympathisch. Doch man soll nie den Kunden vor der Besichtigung loben.

Als sie das Haus in Augenschein nahmen, war es vorbei mit den Nettigkeiten. Nichts, aber auch gar nichts fand Gnade vor ihren gestrengen Augen. Das Wohnzimmer fanden sie zu klein, die Küche zu altmodisch, den Blick nicht spektakulär genug. Dabei war es ein wunderschönes Friesenhaus mit alten Klinkersteinen und einem sehr gepflegten Garten.

Am folgenden Tag erhielt ich einen Anruf.

»Hallo, Herr Weißmann«, flötete die Ehefrau. »Wir würden gern noch einmal das Objekt besichtigen.«

»Warum? Ich dachte, es sagt Ihnen nicht zu?«

Kurze Pause, erregtes Geflüster im Hintergrund. »Stimmt genau, Herr Weißmann. Es ist nur so, dass wir uns einen zweiten Eindruck verschaffen wollen.«

Das sind die Augenblicke, in denen man als Makler ein Nervenkostüm aus Stahl braucht.

Vermutlich ist manchen Leuten gar nicht bewusst, dass Besichtigungen in meiner Arbeitszeit stattfinden. Sie machen halt Urlaub auf Sylt, da hat man viel Zeit und Muße. Dass Makeln mein Beruf ist, kein Zeitvertreib, blenden sie irgendwie aus.

Andererseits wollte ich das Paar auch nicht vor den Kopf stoßen. »Also gut«, willigte ich ein. »Morgen um halb vier kann ich es einrichten.«

Am nächsten Nachmittag brachten sie ihre beiden Kinder mit. Während die Eltern mit versteinerten Gesichtern durch die Räume marschierten, unterhielt ich mich mit dem Nachwuchs.

»Na, wie gefällt es euch hier?«

Die Antworten waren wirklich süß. »Super!«, sprudelte der sechsjährige Sohn hervor. »Mama und Papa wollen das Haus ja auch unbedingt kaufen!«

Seine große Schwester stupste ihn vorwurfsvoll an. »Du Doofi, das dürfen wir doch nicht verraten. Und wir dürfen uns auch noch nicht freuen.«

»Du sollst nämlich nicht merken, dass Mama und Papa das Haus toll finden«, fügte der Junge eifrig hinzu.

Was soll man dazu sagen? Kindermund tut Wahrheit kund …

Ohnehin habe ich die Erfahrung gemacht, dass Kinder meist ausschlaggebend für die Kaufentscheidung sind.

So was kennt man ja vom Autokauf. Diverse Studien belegen, dass über die Wahl eines Wagens zu mehr als fünfzig Prozent der aufgeweckte Nachwuchs entscheidet.

Bei Immobilien sind es meiner Erfahrung nach sechzig bis siebzig Prozent. Und der Grund ist simpel: Viele Eltern haben Schuldgefühle, weil sie sich im Alltag zu wenig um ihre Kinder kümmern können. Im Urlaub wird dann kräftig nachgebessert. Und mehr *quality time* mit den lieben Kleinen heißt natürlich auch, eine Immobilie nach dem Geschmack der Kids auszusuchen.

Die hohen Scheidungsraten spielen ebenfalls eine gewisse Rolle. Kinder sind meist die Trennungsverlierer. Als Trostpflaster gibt's dann die kindgerechte Ferienlocation obendrauf. Ganz nebenbei kann man damit so wunderbar den Ex-Partner ärgern. »Papis Ferienhaus ist viel, viel schöner als Mamas!« Solche Sätze sind Salz in den Wunden von Scheidungsversehrten.

Doch ganz gleich, welche Motive die Interessenten bewegen: Wenn es darum geht, eventuelle Konkurrenten beim Immobilienkauf auszustechen, sind manche Zeitgenossen nicht gerade zimperlich. Oft kommt es zu regelrechten Bieterschlachten zwischen meinen Kunden.

Irgendwie kann ich das sogar verstehen. Der Sylter Immobilienmarkt ist überschaubar. Gute Objekte sind rar, die Begehrlichkeiten groß. Entweder versucht man dann, den Verkäufer auf seine Seite zu ziehen, oder aber man rückt dem Makler auf die Pelle.

Wie man das macht?

Freundlich formuliert, bietet man mir Geschenke an. Knallhart ausgedrückt, sind es Bestechungsversuche. Und das ist nicht etwa die Ausnahme, sondern die Regel.

Ja, richtig gelesen – als Makler muss man einigen Verführungen widerstehen können. Von der Kreuzfahrt über Bargeld bis zur schicken Armbanduhr geht so einiges. Ohne Erfolg. Mein Berufsgeheimnis ist meine Seriosität.

Aber nicht jeder Makler nimmt es mit Ethik und Moral so genau. Wer ein strapazierfähiges Gewissen hat, kann nebenbei kräftig absahnen. Oft im fünfstelligen Bereich. Bar, versteht sich.

Tja, es sind eben immer Emotionen im Spiel, wenn jemand ein Domizil auf Sylt erwirbt …

Der Kampf ums Haus

In aller Regel habe ich es mit sympathischen Kunden zu tun. Man geht höflich miteinander um, man plaudert ein wenig, nach der Beurkundung des Verkaufs trinkt man vielleicht noch ein Glas zusammen.

Da jedoch so wenige Immobilien auf dem Markt sind, ist die Phase davor ein echter Stresstest für mich. Jeder Interessent weiß, dass er Konkurrenten hat, die ihm das Objekt seiner Begierde vor der Nase wegschnappen könnten. Und ist der Jagdinstinkt erst mal geweckt, helfen weder gute Kinderstube noch untadelige Manieren.

Dann geht's ans Eingemachte.

Ein Kunde, er verdient Millionen mit einem Software-Unternehmen, interessierte sich für eine Wenningstedter Walmdachvilla. Bei der Besichtigung erklärte er mir, er habe eine ganz eigene Methode beim Hauskauf.

»Das Gefühl muss stimmen, Herr Weißmann. Das weiß ich aber erst, wenn ich in dem Haus geschlafen habe.« Er bestand auf einer Probeübernachtung. Danach war der Hausschlüssel verschwunden.

Zunächst hielt ich das für ein Versehen. So was passiert einem ja auch schon mal im Hotel – dass man ungewollt den Schlüssel mitnimmt. Als ich den Kunden jedoch weder telefonisch noch per Mail erreichen konnte, wurde ich stutzig.

Da war doch was faul!

War es auch.

Zwei Tage später erreichte ich seine Frau am Handy. Es dauerte ein bisschen, bis sie mir die Wahrheit gestand.

»Das Ganze ist mir sehr unangenehm«, sagte sie verschämt. »Mein Mann will das Haus unbedingt, aber nun hat er Angst, dass er es nicht bekommt. Deshalb hat er den Schlüssel mitgehen lassen. Er dachte, so könnte er Besichtigungen durch andere Interessenten verhindern.«

Du lieber Himmel!

Bemerkenswert finde ich, dass es sich hier um Menschen handelt, die im wahren Leben Konzerne managen oder ganze Firmenimperien leiten. Hochseriös, im Nadelstreifenanzug.

Spielt alles keine Rolle, wenn's um die Wurst respektive die Immobilie geht.

Unlängst stand eine Top-Immobilie in Kampen zum Verkauf, sehr schön gelegen, etwas erhöht und von der Straße aus nicht einsehbar. Wie nicht anders zu erwarten, gab es sofort sehr viele Interessenten.

Einer fiel ein wenig aus dem Rahmen. Mir war er gleich aufgefallen, weil er eine ungewöhnliche Brille trug: ein Nerdmodell mit knallrotem Gestell. Die Sorte Brille, mit der man sich ungeteilte Aufmerksamkeit verschaffen will.

Er stellte sich mir als Geschäftsführer einer Marketingagentur vor. Bei der Besichtigung betrieb er dann eine Art Selbstmarketing. Wie gut vernetzt er sei. Wen er alles auf der Insel kenne. Dass er auf die tollsten Partys eingeladen werde und sich mit den Wirten der angesagtesten In-Lokale duze.

»Also, mit einem Wort, Herr Weißmann: Wenn Sie mir den Zuschlag für das Haus geben, gewinnen Sie mit mir einen fantastischen Multiplikator. Das können Sie in Ihrem Beruf doch bestimmt gut gebrauchen.«

Ich hielt mich bedeckt. Mir war das alles ein bisschen zu viel Wirbel.

In den folgenden Tagen sprang ein Interessent nach dem

anderen ab. Die Begründungen klangen windelweich, manche meldeten sich gar nicht mehr. Es war wie verhext.

Als ich kurz darauf mit einem Kunden essen ging, nahm mich der Wirt des Restaurants beiseite. »Seit wann verkaufst du denn marode Häuser?«

Ich muss weiß wie die Wand geworden sein. So was geht nun wirklich gegen meine Berufsehre.

»Wer sagt so was?«, fragte ich mit bebender Stimme.

»Na, dieser Marketingtyp, der da hinten sitzt, der mit der roten Brille.« Mit dem Kopf deutete der Wirt auf einen weiter entfernten Tisch. »Er hat sich doch mit dir ein Haus angesehen. Jetzt erzählt er allen, dass der Keller feucht ist und überall Schwamm an den Wänden wuchert.«

Das war eine Bombe. Er redete das Haus schlecht, um es selbst zu bekommen? Ich war ehrlich erschüttert.

Bevor ich mich mit meinem Kunden zu Tisch setzte, bat ich den selbst ernannten Multiplikator zu einem Gespräch vor die Tür. Danach war uns beiden der Appetit vergangen.

Doch es geht noch schräger.

Vor Kurzem hatte ich ein echtes Sahneschnittchen im Angebot: groß, luxuriös und teuer – ein Reetdachhaus mit Garten und unverbaubarem Dünenblick. Ein Traum. Im zweistelligen Millionenbereich.

Im Hinblick auf den Verkauf stellte der Preis kein Hindernis dar. Im Gegenteil: Wer etwas Besonderes auf Sylt sucht, würde quasi jede Summe für so ein Traumhaus zahlen.

Die Eigentümer waren allerdings sehr wählerisch, sie zögerten mit dem Zuschlag. Und dann passierte etwas Merkwürdiges: Eines Nachts verschwand mein Maklerschild aus dem Vorgarten des Hauses.

Ein alkoholisierter Bubenstreich? Roher Vandalismus?

Umgehend ließ ich ein neues Schild anfertigen und stellte es im Vorgarten auf. Am nächsten Morgen war auch dieses Schild verschwunden.

Als ich das dritte Schild in den Boden rammte, reichte es mir. Ich musste der mysteriösen Sache auf den Grund gehen. Deshalb beschloss ich, mich nachts auf die Lauer zu legen.

Gesagt, getan. Spätabends fuhr ich wieder zum Haus und parkte in einigem Abstand an einer dunklen Stelle.

Eine lange Nacht erwartete mich. Stundenlang saß ich in meinem Wagen, eine Thermosflasche mit Tee auf dem Beifahrersitz, und harrte der Dinge, die da kommen mochten.

Es ging auf zwei Uhr nachts zu, als ein Porsche Cayenne heranrollte. Im Schritttempo. Sofort rutschte ich etwas tiefer in meinen Sitz.

Direkt vor dem Haus hielt der Wagen an. Ihm entstieg ein dunkel gekleideter Mann, der über den Zaun kletterte, mein Schild aus dem Boden rupfte und im hohen Bogen auf die Straße warf. Danach kletterte er zurück und öffnete die Heckklappe seines Wagens – offensichtlich, um das Schild zu stehlen.

Jetzt gab es kein Halten mehr. Aufgebracht sprang ich aus meinem Auto und lief auf ihn zu. »Hey! Was machen Sie da?«

»Ich?« Er blinzelte schuldbewusst in meine Richtung. »Nichts. Wieso?«

In diesem Augenblick erkannte ich den Schilderdieb. Vollkommen entgeistert starrte ich ihn an. Vor mir stand der penetranteste Interessent. Seit Wochen bombardierte er mich mit Anrufen und E-Mails: Kein anderer dürfe das Reetdachhaus bekommen, er sei der beste, nein, der allerbeste Kandidat.

Nachdem ich mich von meiner ersten Verblüffung erholt

hatte, begriff ich, was er mit seiner nächtlichen Aktion bezweckte: Es sollten bloß keine weiteren Interessenten auf das Objekt seiner Begierde aufmerksam werden.

Aber das ist halt Sylt. Hier drehen die Leute schon mal ein bisschen durch, wenn sie um ihr Traumhaus kämpfen.

Immer auf die Tränendrüse

Sobald es ein Interessent in die engere Wahl geschafft hat, wird er häufig vom Besitzer der Immobilie zu einem Gespräch gebeten. Viele private Verkäufer möchten einfach wissen, wer in die einstmals eigenen vier Wände einziehen wird. Meist behalten sich die Verkäufer dann auch die finale Entscheidung vor, wer den Zuschlag erhält. Entsprechend fühlen sich solche Gespräche immer ein bisschen an wie der Antrittsbesuch bei den zukünftigen Schwiegereltern. Die Verkäufer prüfen die Kandidaten auf Herz und Nieren. Diese wiederum präsentieren sich von ihrer Schokoladenseite und tun alles, um einen guten Eindruck zu hinterlassen.

Unlängst hatte ich mit einer reizenden alten Dame zu tun. Sie wollte zu ihren Kindern aufs Festland ziehen und beauftragte mich mit dem Verkauf ihres Hauses in Rantum. Es war ein altes Friesenhaus mit Reetdach. Ein echtes Juwel.

Natürlich hing die alte Dame an dem Haus, weil so viele schöne Erinnerungen damit verbunden waren. Sie beschwor mich, es nur in gute Hände abzugeben. Also wählte ich aus der Flut von Interessenten nur wenige Kandidaten aus.

Als Erster wurde ein Familienvater aus Nordrhein-Westfalen zum Kandidatengespräch vorgelassen.

Man verstand sich bestens. Die Atmosphäre war heiter, der Mann erzählte, wie sehr ihm das Haus gefalle, die alte Dame war sehr angetan.

Ein paar Tage später rief sie mich an. »Ich muss Ihnen unbedingt was erzählen.«

»Was denn?«

»Fast täglich erreicht mich Post von dem Herrn aus Nordrhein-Westfalen. Jedes Mal schickt er mir Familienfotos. Dazu schreibt er, er muss unbedingt das Haus haben, damit seine drei Kinder hier spielen können.«

Mir fehlten die Worte. Es gehört sich einfach nicht, unter Umgehung des Maklers einen Verkäufer zu bedrängen.

»Und stellen Sie sich vor, Herr Weißmann«, fuhr sie fort, »im letzten Brief schrieb er sogar, dass seine Kinder jeden Tag weinen, weil sie Angst haben, dass das Haus an jemand anderen geht.«

»Und?«, fragte ich. »Bekommt er den Zuschlag?«

»Wo denken Sie hin!«, rief die alte Dame empört. »Wer seine Kinder derart schamlos missbraucht, weil er sich mein Haus unter den Nagel reißen will, hat es nicht verdient!«

So kann emotionale Erpressung nach hinten losgehen. Für mich war das ganz klar ein Griff ins … na, Sie wissen schon. Sagen wir: in den Sanitärbereich.

Doch alles ist steigerbar.

In einem anderen Fall ging es um einen Wenningstedter Neubau aus den späten Sechzigern, leicht renovierungsbedürftig, aber noch gut in Schuss. Der Besitzer, ein gebrechlicher alter Herr, wollte in eine Seniorenwohnanlage ziehen, weshalb er sich schweren Herzens zum Verkauf entschlossen hatte.

Wenn man die Fenster öffnete, hörte man das Rauschen der Wellen.

Kaum hatte ich das Haus inseriert, da standen die Telefone in meinem Büro nicht mehr still. Sämtliche Interessenten brannten förmlich für das Objekt. Drei kamen in die engere Wahl, und einer tat sich besonders hervor: Zum Gespräch mit dem Verkäufer brachte er einen riesigen Blumenstrauß mit.

Allein das war schon ungewöhnlich, doch dieser Kunde zog obendrein eine Flasche Champagner aus der Tasche. Mit roter Schleife. Offenbar war er wild entschlossen, alles, aber auch wirklich alles zu tun, um den alten Herrn zu umgarnen.

Wir standen noch nicht ganz im Flur, als er den Verkäufer auch schon in ein Gespräch verwickelte. Ausführlich erkundigte er sich nach dem Vorleben des Hausbesitzers, ließ sich sämtliche Familienfotos im Wohnzimmer erklären und klopfte dem alten Herrn immer wieder vertraulich auf den Rücken.

Der war entzückt von so viel Anteilnahme. Im Anschluss an die Besichtigung bat er uns zu Tee und Gebäck ins Wohnzimmer. Nach einer halben Stunde angeregten Geplauders – zu dem ich wenig beitragen konnte, weil der Interessent die meiste Redezeit beanspruchte – verdüsterte sich auf einmal das Mienenspiel des Kunden.

»Meine Herren, ich muss Ihnen ein Geständnis machen.«

Der Verkäufer setzte seine Teetasse ab.

»Ja? Was denn?«

»Ich habe Krebs im Endstadium und nur noch maximal zwei Jahre zu leben«, sagte der Kunde ernst. »Mein sehnlichster Wunsch ist es, die wenige Zeit, die mir noch bleibt, auf Sylt zu verbringen. Hier, in diesem Haus.«

Offen gestanden wusste ich nicht recht, was ich davon halten sollte. Leidend sah der Mann nicht gerade aus. Er war knapp fünfzig, tief gebräunt und körperlich bemerkenswert gestählt, so als frequentiere er täglich ein Fitnessstudio.

Aber man soll nicht vorschnell urteilen, ermahnte ich mich. Vielleicht will er nur das Beste aus seinen letzten Monaten herausholen, was man ihm ja nicht verdenken kann. Also halt dich besser zurück.

Der Hausbesitzer wirkte sehr erschrocken. Zitternd fuhr

er sich durchs schüttere weiße Haar, sein Blick schweifte nach draußen zum Meer. »Oh, das tut mir furchtbar leid, aber hier kann man seinen Frieden finden.« Er seufzte tief, bevor er das Wort an mich richtete. »Herr Weißmann, ich denke, damit sind wir uns einig.«

Auf Drängen des Verkäufers bekam der Kunde das Haus. Überglücklich zog er ein.

Das ist jetzt zehn Jahre her. Ich sehe ihn manchmal in der Westerländer Friedrichstraße, wo er sich mit Gosch-Hummer und Leysieffer-Pralinen eindeckt. Er sieht sehr, sehr zufrieden aus.

Klar. Seine Mitleidsmasche hat ja auch perfekt funktioniert.

Pokern auf hohem Niveau

Die Spitzenpreise auf Sylt sind schnell vergessen, wenn sich jemand erst mal in eine Immobilie verliebt hat. Mancher übernimmt sich dann leider auch.

Einmal sollte ich ein Haus unter ziemlich dramatischen Umständen verkaufen. Der Besitzer war todkrank, deshalb wollte er sein Anwesen möglichst rasch loswerden, um den Erlös unter seinen Kindern aufzuteilen.

Vier Millionen sollte das Haus kosten. Es hatte zwar keinen Meerblick, lag aber sehr schön am Dorfrand, wo die violett blühende Heidelandschaft direkt vor der Haustür beginnt.

Als der Herr in meinem Büro saß, wies er immer wieder darauf hin, das Timing spiele eine große Rolle. »Ich stehe unter starkem Zeitdruck, Herr Weißmann. Laut der Prognose meines Arztes habe ich nur noch wenige Monate zu leben. Sicher verstehen Sie, dass mir deshalb an einer schnellen Abwicklung gelegen ist.«

Ich versprach ihm, alles zu tun, um die Sache zu beschleunigen.

Auf der Suche nach einem geeigneten Käufer kristallisierte sich bald ein Herr aus Hamburg heraus. Er war begeistert von dem Haus. »Wissen Sie, Herr Weißmann, ich wollte nie etwas Repräsentatives«, erklärte er mir. »Beeindrucken muss ich niemanden mit einer Immobilie, für mich zählt nur die Lebensqualität.« Die ländliche Atmosphäre sei genau das Richtige für ihn.

Doch die Besichtigungen und Besprechungen zogen sich in die Länge. Mal thematisierte der Interessent die zu kleine

Küche, dann machte er sich Gedanken, ob nicht doch etwas mit Meerblick geeigneter für ihn sei.

Langsam wurde der Verkäufer nervös.

Ich bemühte mich um Alternativen und hatte bereits weitere Interessenten durch das Haus geführt, als mich wieder der Herr aus Hamburg anrief.

»Jetzt ist es abgemacht«, beteuerte er. »Ich nehme das Haus. Die Vertragsentwürfe können wir per Mail austauschen. Und vereinbaren Sie doch bitte schon mal einen Termin beim Notar.«

Der Verkäufer war unendlich froh, als ich ihm die Neuigkeit mitteilte.

Vier Wochen gingen ins Land, bis der Kaufvertrag unter Dach und Fach war. Doch zwei Tage vor dem Termin sprang der Käufer ab. »Ich habe mich finanziell übernommen, Herr Weißmann«, gestand er mir am Telefon. »Die Geschäfte laufen unerwartet schlecht, ich habe mit einer Pechsträhne zu kämpfen.«

Mein Mitgefühl hielt sich in Grenzen. Schließlich wusste er genau, in welch schwieriger Situation sich der Verkäufer befand. Bis zum nächsten konkreten Kaufangebot würde weitere kostbare Zeit verstreichen – die der todkranke Verkäufer nicht mehr hatte.

Auch für mich persönlich bedeutete der wankelmütige Interessent eine empfindliche Schlappe. Die Bonitätsprüfung hatte nichts Negatives ergeben, und seine Begeisterung für das Haus war mir echt erschienen.

Hatte mich etwa meine Menschenkenntnis im Stich gelassen?

Zähneknirschend setzte ich erneut alle Hebel in Bewegung, um doch noch einen raschen Verkauf des Anwesens zu bewerkstelligen. Aber ein Haus ist nun mal kein Kaschmirpullover, den man nebenbei mitnimmt und eventuell wieder umtauschen kann. Neue Interessenten mussten gefunden werden, weitere Besichtigungen folgten.

Diesmal schaute ich besonders scharf hin. Ein weiteres Mal durfte mir kein Fauxpas passieren.

In dieser hektischen Phase erreichte mich eine Mail des abgesprungenen Kunden. Es sei ihm bewusst, dass er den Verkäufer und auch mich schwer in die Bredouille gebracht habe, was ihm wirklich sehr, sehr leidtue. Aus diesem Grund habe er sich mal in seinem Hamburger Bekanntenkreis umgehört. Und siehe da – er habe eine Käuferin gefunden!

Es sei der Dame ernst, schrieb er. Sie verfüge über genügend finanzielle Mittel, ein kurzfristig geschlossener Vertrag sei kein Problem.

Natürlich blieb ich skeptisch. Da aber bislang keiner der anderen Interessenten eine finale Entscheidung getroffen hatte, lud ich die Dame zu einem Gespräch nach Sylt ein. Vorher bat ich sie, alle erforderlichen Unterlagen mitzubringen. Diesmal bestand der Verkäufer darauf, dem Gespräch beizuwohnen.

Um den Vorgang abzukürzen, trafen wir uns direkt im Haus. Die Dame besichtigte es, stellte nur wenige Fragen und entschied sich in Rekordzeit: Ja, sie wolle es kaufen.

Wir setzten uns ins Wohnzimmer. Dort rückte sie mit einem nicht unerheblichen Detail heraus. »Ich liebe das Haus«, sagte sie. »Es gibt nur einen Haken: Es ist einen Hauch zu teuer. Vier Millionen bekomme ich einfach nicht hin.«

Bevor der Verkäufer und ich unseren Unmut äußern konnten, brach sie in Tränen aus. »Ich bin alleinerziehende Mutter«, schniefte sie. »Es ist unheimlich hart, sich allein mit zwei Kindern durchzuschlagen. Mehr als dreieinhalb Millionen kann ich Ihnen nicht geben. Das sind meine gesamten Ersparnisse – zahlen könnte ich aber sofort.«

Ich tauschte einen Blick mit dem Verkäufer. Was die

Dame da vorschlug, bedeutete, auf eine halbe Million Euro zu verzichten. Das war kein Pappenstiel.

Wir baten sie, kurz zu warten, um die unerwartete Wendung unter vier Augen zu besprechen. Draußen im Garten beratschlagten wir dann, was zu tun sei.

»Ehrlich gesagt neige ich zum Zuschlag«, sagte der Verkäufer. »Diese sympathische junge Frau hat es ja offenbar nicht leicht. Soll sie mit ihren Kindern hier glücklich werden. Außerdem zermürbt mich das ewige Hin und Her. Die Uhr tickt, Herr Weißmann. Sofern sie wirklich sofort zahlt, bekommt sie das Haus.«

Ich konnte ihn verstehen. Er hatte bereits viel Zeit verloren, eine neuerliche Runde mit neuen Interessenten war nicht mehr drin.

Die Dame hielt Wort. Der Verkauf erfolgte reibungslos, der Notartermin fand statt, und auch die Überweisung der Kaufsumme erfolgte prompt.

Ende gut, alles gut?

Nach einiger Zeit sprachen mich gute Bekannte auf das Haus an. Da sei ja jetzt richtig Leben drin, Mama, Papa und drei Kinder, so was sei doch richtig toll.

Irgendwas gefiel mir daran nicht.

Da ich viele Freunde und Bekannte in Hamburg habe, startete ich sofort eine Umfeldrecherche. Und was ich herausfand, ließ mir die Haare zu Berge stehen.

Die angeblich alleinerziehende Mutter war in Wahrheit die langjährige Lebensgefährtin des abgesprungenen Käufers. Das Pärchen hatte eiskalt gepokert und den todkranken Hausbesitzer um eine halbe Million Euro geprellt. Der Verkäufer schaltete mit meiner Hilfe einen Rechtsanwalt ein und erhielt fast die gesamten 500 000 Euro als Spende für einen karitativen Zweck – ohne Anerkennung einer Rechtspflicht. Schlechtes Gewissen, liebe Käufer? Happy End!

Nur das Beste fürs Kind

Es gibt Tage, da komme selbst ich noch ins Staunen. So wie an jenem verregneten Septembertag, als eine Kundin in eine morgendliche Besprechung von mir reinplatzte.

Wie aus heiterem Himmel stand sie plötzlich vor meinem Schreibtisch, sichtlich geladen, mit hochrotem Kopf und geballten Fäusten. Sie hielt sich auch nicht lange mit Begrüßungen auf.

»Herr Weißmann, Sie verkaufen unser Haus! Sofort!«

Das war starker Tobak.

Seit gerade mal acht Monaten besaßen sie und ihr Mann das kuschelige Bauernhaus in Morsum. Der unverbaubare Wiesenweitblick hatte ihnen gefallen, die ländliche Atmosphäre, auch der kleine Tante-Emma-Laden, wo das Who's who Deutschlands morgens in Schlappen seine Brötchen holt.

Andererseits ahnte ich, worum es hier ging. Aus Diskretionsgründen stellte ich deshalb keine weiteren Fragen.

»Wie Sie wollen«, nickte ich. »Kann ich sonst noch was für Sie tun?«

»Ja, meinem Mann eine reinhauen.«

Meine Mitarbeiter warfen einander fassungslose Blicke zu. Was war passiert?

Die Geschichte beginnt mit einem Powerpaar wie aus dem Bilderbuch. Er managte ein sehr erfolgreiches mittelständisches Unternehmen, sie hatte Karriere als CEO eines Pharmakonzerns gemacht. Bei einem Kongress lernten sie einander kennen.

Es war Liebe auf den ersten Blick.

Nach der Heirat hielt das Glück an. Nur beim Thema Nachwuchs kamen sie partout nicht auf einen Nenner. Er wollte zwei, vielleicht auch drei Kinder. Sie zögerte. Als CEO hatte sie es schließlich weit gebracht und fürchtete nun, ein Kind könnte ihre Karriere ausbremsen. Mal ganz abgesehen von den körperlichen Folgen einer Schwangerschaft. Davor graute ihr besonders.

Das alles wusste ich aber natürlich nicht, als mich die beiden wegen einer Immobilie kontaktierten. Auf mich wirkten sie sehr verliebt, und das Haus in Morsum passte irgendwie zu ihnen. Lange hat der Ort im touristischen Dornröschenschlaf gelegen, deshalb gibt es hier noch viele alte Friesenhäuser. Genau das Richtige für ein Paar, das innige Wochenenden miteinander verbringen möchte.

Sie entschieden sich auffallend schnell. Der Verkäufer mochte sie, der Rest war nur noch eine Formalität.

Doch die Unterschriften auf dem Vertrag waren kaum trocken, da bat mich der Mann um ein Vieraugengespräch. Nanu? Um ungestört zu sein, trafen wir uns in einem Café an der Friedrichstraße in Westerland. Zuerst druckste er ein bisschen herum, dann gestand er mir die wahren Hintergründe des Hauskaufs.

»Es ist so …« Mit gesenktem Kopf rührte er in seinem Cappuccino herum. »Meine Frau und ich werden nicht in das Haus einziehen.«

Vollkommen überrascht sah ich ihn an. »Nicht?«

»Nein, wir haben es für jemand anderen gekauft.«

Nach und nach rückte er mit der Wahrheit heraus. Auf den Punkt gebracht: Sie hatten das Haus erworben, weil sie die Leihmutter für ihr gemeinsames Kind darin parken wollten.

Ich war sprachlos. So was muss man erst mal sacken lassen.

»Es ist eine junge Frau aus Polen«, erzählte er weiter. »Wir möchten halt sichergehen, dass unser Kind die besten Startbedingungen hat. Die Leihmutter, sie heißt Agnieszka, soll sich während der Schwangerschaft viel an der frischen Luft bewegen, weit weg von der Großstadt, weit weg vom schädlichen Nachtleben. Deshalb das Haus in Morsum.«

Inzwischen hatte ich meine Sprache wiedergefunden. »Und was ist nach der Geburt?«

»Wenn unser Kind da ist, werden wir das Haus weiterverkaufen«, erwiderte er. »Also in etwa neun Monaten. Das wollte ich Ihnen nur schon mal mitteilen, damit Sie entsprechend planen können, Herr Weißmann.«

Was soll man dazu sagen?

Am besten gar nichts.

Von nun an kontrollierten beide Ehepartner regelmäßig, ob die Leihmutter auch wirklich gesund lebte. Penibel schrieben sie ihr vor, wie viele Spaziergänge zu ihren Pflichten gehörten, wo sie einkaufen und was sie essen sollte.

Bei den Kontrollbesuchen – meist erfolgten sie unangemeldet – wurden Küche und Kühlschrank auf Zigaretten und etwaige Alkoholvorräte gecheckt. Schließlich wollte man ja nichts dem Zufall überlassen. Der werdende Vater war besonders eifrig bei der Sache. Wann immer möglich, reiste er zu Stippvisiten an, parallel hielt er mich über die Schwangerschaft auf dem Laufenden.

Einmal stellte er mir Agnieszka vor. Die sympathische junge Frau sah aus wie das blühende Leben. Kein Wunder, der schadstofffreie Lebensstil bekam ihr ausgezeichnet, und sie schien Gefallen an dem Leihmutter-Deal inklusive Syltaufenthalt zu finden.

Deutlich weniger enthusiastisch als der Mann legte sich

seine Gattin ins Zeug. Anfangs war sie noch an jedem Wochenende auf die Insel gekommen, danach ließ sie sich immer seltener blicken. Lieber nutzte sie die Zeit bis zur Geburt für ausgedehnte Geschäftsreisen, wie sie mir erklärte. Damit würde ja erst mal Schluss sein, wenn das Baby auf der Welt wäre.

In den nächsten Monaten sah ich Agnieszka manchmal in der Westerländer Fußgängerzone. Wir grüßten einander freundlich, zuweilen wechselten wir auch ein paar Worte. Es machte mir Freude, zu beobachten, wie wohl sich die junge Frau auf Sylt fühlte. Ihr Bauch wuchs, ihr Teint war rosig, die Augen strahlten. Nach wie vor erfreute sie sich bester Gesundheit.

Nach etwa sechs Monaten rief ich den Kindsvater an, um das weitere Vorgehen zu klären. »Wann genau soll ich denn das Haus zum Verkauf inserieren?«, fragte ich ihn.

»Das, ähm, sollten wir persönlich besprechen, nicht am Telefon«, wich er aus. »Passt Ihnen der kommende Samstagnachmittag?«

Wieder bestellte er mich ins Café, wieder druckste er lange herum.

Nach einer halben Stunde höflichen Small Talks und Strömen von Cappuccino ließ er die Katze aus dem Sack. »Herr Weißmann, es gibt eine Planänderung.«

»Ach.«

»Es ist nämlich so …« Versonnen starrte er in seine leere Tasse, als suchte er darin nach der richtigen Formulierung. »Also, das mit dem Verkauf hat sich erledigt.«

»Darf man den Grund erfahren?«

Ein zaghaftes Lächeln erschien auf seinem Gesicht. Dann straffte er die Schultern. »Ich habe mich in Agnieszka verliebt. Unsterblich.«

Potzblitz. Völlig verdattert sah ich ihn an. »Und jetzt?«

»Na, wie könnte ich denn ein Haus verkaufen, an dem so viele romantische Erinnerungen hängen?«

Und da sage noch einer, es gebe keine romantischen Männer mehr!

Nachdem ich ein paarmal tief durchgeatmet hatte, lehnte ich mich auf meinem Stuhl zurück. »Was sagt denn Ihre Frau dazu? Ist sie damit einverstanden?«

Prompt verschwand das Lächeln aus seinem Gesicht. »Na ja, einverstanden wäre ein zu großes Wort für das, was sich bei uns daheim abspielt. Das Ganze ist natürlich nicht so einfach für meine Frau.«

Eine hübsche Untertreibung, wie sich am nächsten Morgen herausstellte, als die Dame in meinem Maklerbüro erschien.

In den folgenden Wochen und Monaten ging es hoch her. Der Mann verteidigte das Haus mit Zähnen und Klauen, die betrogene Ehefrau wollte nur noch Rache. Eher hätte sie einen Schleuderpreis beim Verkauf akzeptiert, als dem jungen Glück ein Häuschen auf Sylt zu gönnen. Anwälte wurden in Stellung gebracht, böse Briefe flogen hin und her. Ein erbitterter Krieg ums Haus entbrannte.

Unterdessen kam Agnieszka mit einem gesunden Mädchen nieder. Der Vater weinte, als er es mir am Telefon erzählte. »Das ist das Schönste, was ich jemals erlebt habe«, schluchzte er. »Bitte, Sie müssen alles tun, damit unsere Tochter hier aufwachsen kann.«

Nun, das lag nicht in meiner Hand.

Am Ende obsiegte die Ehefrau. Welche juristischen Argumente sie dafür einsetzte, weiß ich nicht, doch ihr Ex, seine neue Partnerin und das Baby flogen in hohem Bogen raus, als sich ein Käufer für das Haus fand. Der Erlös wurde im Zuge der Scheidung geteilt. Von seiner Hälfte kaufte der

Mann ein Dreizimmerapartment in Westerland. Eine vergleichsweise bescheidene Bleibe, aber er kam ja ohnehin nur am Wochenende nach Sylt, um Mutter und Kind zu besuchen, und Glück braucht keine Paläste.

Neulich traf ich ihn in der Friedrichstraße, zusammen mit Agnieszka und seiner kleinen Tochter, die schlummernd im Kinderwagen lag.

»Und, wie geht's?«, erkundigte ich mich.

»Fantastisch!« Liebevoll legte er einen Arm um seine Lebensgefährtin. »Wir sind wieder schwanger.«

Ein Hideaway für zwei

Manche Beziehungen werden beim Immobilienkauf auf eine harte Probe gestellt. Die Prioritäten unterscheiden sich halt, je nachdem, ob man es mit weiblichen oder männlichen Vorlieben zu tun hat. Und das ist keineswegs ein Gender-Klischee, sondern beruht auf jahrelanger Erfahrung.

Männer sind meist autoaffin. Sie wollen zwei Tiefgaragen und ein Medienzimmer mit Großbildleinwand zum ungestörten Fußballgucken. Außerdem legen sie großen Wert auf eine krisenfeste Kapitalanlage.

Frauen möchten lieber ein Lesezimmer mit Blick ins Grüne oder einen Frühstücksraum mit Morgensonne. Gern genommen werden auch Gewächshäuser für seltene Rosen, damit man den Esstisch hübsch dekorieren kann.

Alles in allem treffen Männer ihre Entscheidung eher rational und pragmatisch, während Frauen wesentlich emotionaler an die Sache herangehen.

Beispielsweise können sie sich in Kleinigkeiten verlieben, die der Gatte noch nicht mal registriert hat: einen schönen Kaminaufsatz vielleicht, eine gemütliche Nische im Wohnzimmer, besonders wertige Badezimmerfliesen …

Naturgemäß kollidieren solche Vorlieben und Prioritäten, sobald eine Kaufentscheidung ansteht. Dann rappelt es im Karton. Aber kräftig.

Oft muss ich mich quasi als Ehe-Mediator betätigen. Geduldig kühle ich die erhitzten Gemüter runter, indem ich

Ruhe in die Gespräche bringe und zwischen den Kontrahenten vermittle.

So lange, bis beide glücklich sind. Und ich erst!

Vor Kurzem stritt ein Ehepaar so heftig, dass ich die verfahrene Situation nur noch mit einem Scherz auflockern konnte: »Wenn Sie sich nicht einig werden, kaufen Sie doch beide Objekte – und verabreden sich abends.«

Das holte sie wieder auf den Teppich. Beide fingen an zu lachen, danach fanden wir einen Kompromiss, mit dem beide Ehepartner leben konnten.

Wenn ich solche Kunden einige Zeit später treffe, wie sie Arm in Arm am Strand entlangschlendern, erfüllt mich das mit tiefer Befriedigung. Was kann es Schöneres geben, als Menschen durch konfliktreiche Phasen zu begleiten? Zu den wunderbaren Begleiterscheinungen meines Berufs gehört halt, dass die menschliche Ebene eine wesentliche Rolle spielt.

Wie könnte es auch anders sein?

Immobilien – sofern sie privat genutzt werden – haben nun mal etwas sehr Intimes.

Im Laufe der Zusammenarbeit kommt man sich oft sehr nahe. Man tauscht sich aus, spricht über Gott und die Welt, geht zusammen einen Kaffee trinken. Stimmt die gegenseitige Sympathie, nimmt die Geschäftsbeziehung nach und nach einen freundschaftlichen, fast familiären Charakter an.

All das traf auf ein Ehepaar zu, dem ich vor einiger Zeit ein Haus vermittelte. Er war ein alerter Mittfünfziger, sportlich, dynamisch, sie eher der mütterliche Typ, ebenfalls in den Fünfzigern. Was mich sofort für die beiden einnahm: Selten hatte ich so viel Liebe, so viel Harmonie zwischen zwei Menschen erlebt, zumal bei einem Paar im fortgeschrittenen Alter.

Ich fühlte mich unwillkürlich zu ihnen hingezogen. Auch ihre Kriterien für die Haussuche fand ich sympathisch.

Zeige mir dein Haus, und ich sage dir, wer du bist: Diese alte Weisheit lässt sich durchaus auf die Arbeit eines Maklers übertragen. Wenn ich weiß, was jemand sucht, entsteht in mir ein recht genaues Bild des Kunden. Es ist fast wie bei einem Rorschachtest: Will jemand ein unterkühltes Ambiente? Etwas Repräsentatives? Oder einen gemütlichen Rückzugsort?

Letztlich hat jede Vorliebe ihre Berechtigung. Ich bewerte Menschen nicht danach, welchen Stil sie bevorzugen. Andererseits passten die Suchkriterien dieses Paars einfach perfekt zu ihrer warmen, herzlichen Ausstrahlung.

Da sie nur etwa alle zwei Monate nach Sylt kommen konnten, wie sie mir sagten, sollte es etwas Gemütliches zum Ausspannen sein, gern abseits vom Trubel.

Ich empfahl ihnen Westerheide, einen ebenso exquisiten wie ruhigen Ort an der Wattseite. Auf der großen Heidefläche in der Dorfmitte tummeln sich Schafe, alles wirkt ruhig, ländlich, entspannt.

Was konnte besser zu diesem außergewöhnlichen Paar passen?

Auch bei den Besichtigungen waren die beiden wirklich herzig. Sie schwärmte von ihm, er schwärmte von ihr. Dauernd hielten sie Händchen und tauschten verliebte Blicke.

Das rührte mich. Zugleich weckte es meine Neugier. Was war das Geheimnis ihres Glücks?

Nach der dritten Besichtigung sprach ich den Mann an. »Entschuldigung, dürfte ich Sie etwas Privates fragen?«

»Nur zu«, erwiderte er aufgeräumt. »Alles, was Sie möchten.«

»Dann würde ich gern wissen: Wie lange sind Sie schon verheiratet?«

Ein schalkhaftes Lächeln überzog sein Gesicht. »Fünfzehn Jahre, Herr Weißmann.«

Ich fand das toll. Hallo? Wie viele Paare schaffen es denn heutzutage, eine Ehe so lange lebendig zu erhalten?

Im Laufe der nächsten Tage erfuhr ich noch mehr. Inzwischen hatten wir uns angefreundet, und es war eine gewisse familiäre Vertrautheit entstanden. Bei einem gemeinsamen Kaffee in meinem Büro erzählten sie mir, dass sie gewisse Liebesrituale kultivierten. Er brachte ihr morgens den Kaffee ans Bett, sie cremte ihn nach dem Duschen ein.

Waren sie tagsüber getrennt – und sei es auch nur für eine Stunde –, schickten sie einander zärtliche WhatsApp-Nachrichten. Oder sie hinterließen Klebezettel mit kleinen Botschaften am Flurspiegel.

Am liebsten hätte ich mitgeschrieben. Es hörte sich an wie ein charmanter Beziehungsratgeber. Insofern wunderte ich mich, als sie mich baten, ihre Immobiliensuche bloß nicht an die große Glocke zu hängen.

Es müsse nicht jeder wissen, dass sie hier besondere Tage verbringen würden. Ansonsten könnte es eventuell zu unliebsamen Gerüchten über das Liebesnest kommen.

Ich runzelte die Stirn. »Warum, Sie sind doch verheiratet…«

Daraufhin fing die Dame wie ein Backfisch an zu kichern.

»Stimmt, wir sind verheiratet. Aber nicht miteinander.«

Über mein entgeistertes Gesicht haben die beiden wahrscheinlich noch jahrelang gelacht.

Paare und Paarungen

Wenn man als Makler arbeitet, erlebt man viele Varianten von Beziehungen: verliebte Turteltauben, glückliche Ehen, gelangweilte Paare, erbitterte Streitigkeiten. Das ganze Programm.

Verborgen bleibt mir so gut wie nichts, denn ein Immobilienkauf ist auch eine Art Lackmustest: Wie gut kennen sich die Partner eigentlich? Sind sie kompromissbereit? Wer hat die Oberhand? Wer gibt nach?

Eins steht fest: Der gelungene Kauf eines Hauses ersetzt drei Jahre Paartherapie. Manchmal ist aber auch Hopfen und Malz verloren.

Vor einigen Jahren erhielt ich Besuch von einer Dame in den mittleren Dreißigern, einer hübschen, wenn auch leicht verhärmten Frau, die ein Apartment suchte. Es sollte nichts Aufwendiges sein, wie sie versicherte, nur eine kleine Ferienwohnung für verlängerte Wochenenden.

Bevor ich weiter nachfragen konnte, was genau sie sich vorstellte, brach sie ohne Vorwarnung in Tränen aus. Herrje! Beklommen reichte ich ihr ein Taschentuch. »Wenn Sie sich nicht wohlfühlen, können wir gern einen neuen Termin ausmachen. Oder möchten Sie darüber reden?«

»Nein, das heißt, ja, reden.« Sie schnäuzte sich ausgiebig. »Es ist so: Mein Mann macht dauernd Überstunden, auch samstags und sonntags. Ich sehe ihn kaum noch, wir haben uns komplett auseinandergelebt.«

Die alte Geschichte. Mitfühlend, aber auch etwas ratlos schaute ich sie an. »Und wie kann ich Ihnen da helfen?«

»Indem Sie ganz, ganz schnell ein Apartment für mich finden!«, rief sie. »Sylt ist der letzte Versuch, meine Ehe zu retten!«

Wie vom Donner gerührt saß ich da. Der Groschen fiel bei mir pfennigweise, wie man früher sagte. »Ach so. Sie hoffen, durch gemeinsame Wochenenden auf Sylt könnte sich Ihre Beziehung wieder festigen?«

Sie nickte, ein dankbares Lächeln erschien auf ihrem verweinten Gesicht. »Ich merke schon, Sie verstehen mich, Herr Weißmann.«

Zwei Wochen später zeigte ich ihr eine Auswahl von Apartments.

Eins in Westerland, wo man fußläufig einkaufen, speisen und ins Kino gehen kann. Ein weiteres in List, eher verschwiegen gelegen und bestens für traute Stunden zu zweit geeignet. Ein drittes in Morsum, in ländlicher Umgebung, inmitten der Natur.

Der Ehemann glänzte durch Abwesenheit.

Nach kurzem Überlegen entschied sich die Dame für das Lister Apartment. Anschließend beriet ich sie bei der Auswahl von Möbeln, Wandfarben und Gardinen. Inzwischen war ich selbst Feuer und Flamme für den Plan, mit einem gemütlichen Liebesnest ihre Ehe zu kitten.

Ob das klappen würde? Sicher war ich nicht. Aber irgendwie wirkte sie so furchtbar verloren, deshalb konnte ich gar nicht anders – ich musste ihr einfach helfen.

Meine Beschützerinstinkte wuchsen weiter, als ich kurz darauf ihren Mann kennenlernte, einen gut aussehenden, etwas windigen Herrn, dessen Handy quasi am Ohr festgetackert war. Gerade mal einen Tag hatte er sich freigenommen, um das Liebesnest zu begutachten. »Ganz nett«, sagte er herablassend zwischen zwei Telefonaten. »Aber viel zu teuer. Das lohnt sich doch gar nicht für uns.«

Es gibt einfühlsamere Ehemänner.

Seine Frau gab jedoch nicht auf. Sie tat wirklich alles, um ihn zu einem gemeinsamen Syltwochenende zu überreden. Einmal buchte sie einen Surfkurs für ihn, ein andermal erkämpfte sie sich einen Tisch in einem Gourmetrestaurant, wo man normalerweise mehrere Wochen auf einen Platz warten muss.

Vergebens. Beide Male sagte er im letzten Moment ab. Die Arbeit gehe nun mal vor.

In ihrer Not nahm die Frau Kontakt zu seinem Chef auf. Eindringlich flehte sie ihn an, ihren Gatten bitte ein wenig zu entlasten. Das könne doch nicht so weitergehen mit den Überstunden und der Wochenendarbeit.

Der Chef reagierte auffällig zurückhaltend. Also, sooo viele Überstunden seien es nun auch wieder nicht. Und von regelmäßiger Wochenendarbeit sei ihm schon gar nichts bekannt.

Man musste nicht Mathematik studiert haben, um eins und eins zusammenzuzählen. Einige weitere Recherchen, und die Frau hatte Gewissheit, warum sich ihr Mann so selten zu Hause zeigte.

Eine Geliebte. Der Klassiker. Und nun?

Nach einer tränenreichen Sinnkrise eröffnete sie ihrem erstaunten Gatten, das mit dem Apartment sei ein Fehler gewesen. Am besten, man verkaufe es umgehend. Diesmal müsse er aber unbedingt mitkommen und sie dabei unterstützen. Und sei es aus schlechtem Gewissen, sei es, dass er seiner Frau nicht zutraute, einen gewinnbringenden Verkauf zu bewerkstelligen – der Mann willigte ein.

Sie reisten in einem schicken Mercedes Cabrio an. Ein seltenes Liebhaberstück aus den Siebzigerjahren mit goldener Lackierung und hellbeigen Ledersitzen. Der ganze Stolz des Gatten. Seiner Frau hatte er gerade mal einen gebrauchten Mitsubishi genehmigt. Mittags fuhren sie nach Rantum. Es war ein sonniger Tag, man konnte offen fahren, nur eine leichte Brise strich vom Meer heran.

In der *Sansibar* hatte die Frau zwei Strandkorbplätze reserviert, direkt an den Dünen. Vor dem Aperitif ging sie noch einmal zum Parkplatz zurück, um ihre Sonnenbrille aus dem Wagen zu holen.

Was der Mann nicht wusste: Die Sonnenbrille lag bereits in ihrer Handtasche, neben fünf Tüten Vogelfutter.

Tüte für Tüte leerte sie aus. Auf der Motorhaube, auf dem Heck, auf den Ledersitzen. Sie ging dabei sehr gründlich vor. Am Ende war jeder Quadratzentimeter des Wagens mit Vogelfutter bedeckt.

Danach ging sie zurück zum Tisch und ließ sich diverse Vorspeisen schmecken. Anschließend eine Trüffelpasta. Auch ein Nachtisch musste es noch sein, außerdem zwei Espressi. Ein zweistündiger Strandspaziergang folgte, schließlich war das Wetter doch so schön.

Als die beiden nach knapp vier Stunden zum Parkplatz zurückkehrten, erlitt der Mann einen Nervenzusammenbruch: Sein Wagen, sein über alles geliebter Wagen versank in Vogelkot!

Die Vögel mussten sich in hellen Scharen auf den Oldtimer gestürzt haben. Wohin man auch schaute – zur Motorhaube, zum Heck, auf die Sitze –, überall klebte eine dicke schleimige Schicht aus weißgrauen Schlieren. Das schöne Cabrio hatte erst als Futterstelle, dann als Vogeltoilette gedient.

Die nächste Überraschung für den untröstlichen Herrn bestand darin, dass das Apartment auf den Namen der Ehefrau lief, sodass er bei der Scheidung leer ausging.

Sosehr ich der Frau auch gewünscht hätte, ihre Ehe zu retten, von Anfang an hatte ich ein ganz, ganz schlechtes Gefühl bei der Sache gehabt.

Das ist halt mein Beschützerinstinkt.

Intime Einblicke

Wie nah darf's denn sein? Ehrlich gesagt habe ich oft keine Wahl. Mein Beruf bringt es mit sich, dass ich regelmäßig auf Tuchfühlung gehen muss. Vor allem bei Erstbesichtigungen, wenn ich die Rahmenbedingungen mit den Verkäufern abspreche, werde ich oft zum Zaungast häuslicher Intimität.

Ist ja klar. Nicht jeder räumt extra für den Makler auf. Deshalb sehe ich mich oft mit Details konfrontiert, die ich lieber nicht gesehen hätte.

Ein schwarzer Slip auf der Couch, daneben eine leere Champagnerflasche. Okay, schnell weitergehen. Pin-up-Fotos im Toilettenbereich. Jetzt bloß kein Kopfkino! Koksreste auf der gläsernen Tischplatte? Nichts wie weg. Und immer schön nonchalant bleiben. Es ist wirklich kaum zu glauben, wie oft ich auch aufblasbare Sexpuppen im Schlafzimmer entdecke. Dann heißt es meist: »Ach, na ja, die gehört meinem pubertierenden Sohn.« Wer's glaubt …

Aber eine Erstbesichtigung, die vor einigen Jahren in Kampen stattfand, toppte alles.

Die Verkäufer führten mich durch ihr großes Haus. Selbst für Sylter Verhältnisse eine imposante Fläche.

Ebenso imposant war die Ausstattung. Zunächst schauten wir uns das Erdgeschoss an: lauter großzügig geschnittene Räume, die ineinander übergingen und eine angenehme Loftatmosphäre erzeugten. Hier hatte sich ein Innenarchitekt ausgetobt, der offenbar ein besonderes Faible für Lichtgestaltung hegte. Mit Dimmern und Strahlern konnte man wahre Bühnenbeleuchtungen erzeugen, die mal die Wände, mal einzelne Möbelstücke, dann wieder dekorative Skulpturen in Szene setzten.

Durch die offen stehenden Glastüren gelangten wir auf eine ebenso großzügige Terrasse. Mit silbrig schimmernden Olivenbäumchen, exquisiten Deckchairs und einem riesigen Daybed in dezentem Greige war hier eine echte Wohlfühloase entstanden.

Danach gingen wir runter ins Untergeschoss. Dort gab es neben einem Fitnessraum und der obligatorischen Sauna einen Kinosaal mit roten Samtsesseln und Popcornmaschine.

Wahnsinn. Ich war hellauf begeistert.

Streng genommen musste ich den Rest des Hauses gar nicht mehr besichtigen. Bereits jetzt wusste ich, dass ich es sehr gut verkaufen würde. Doch der Vollständigkeit halber besichtigte ich natürlich auch das Obergeschoss.

Schon auf der Treppe hörte ich merkwürdige Geräusche. Auch die Verkäufer hörten sie. Verwundert schauten sie einander an. Vielleicht der Fernseher, mutmaßte die Dame, es sei schon öfter vorgekommen, dass der sich von selbst anschalte.

Aha. Heimlich, still und leise fragte ich mich, welche Programme die beiden eigentlich so anschauten. Für mich klang das sehr verdächtig.

Aber ich sagte nichts. Diskretion ist alles.

Je näher wir dem Hauptschlafzimmer kamen, desto klarer wurde uns, was für ein Programm hier lief. Die Verkäuferin wirkte mittlerweile leicht verspannt. Mit resoluten Schritten marschierte sie den Flur entlang und riss die Schlafzimmertür auf. Dann blieb sie abrupt stehen. Und erstarrte.

In dem Zimmer lief gar kein Film, sondern wurde uns unfreiwillig eine Live-Vorstellung geboten.

Als das Paar uns bemerkte, flüchteten die beiden durch das Fenster über die Terrasse, verschwanden in einem Auto und rasten davon.

Lange sagte niemand einen Ton. Als das Schweigen anhielt, verabschiedete ich mich höflich.

Später erfuhr ich: Wir hatten den Bruder der Eigentümerin erwischt. Er hatte sich heimlich einen Nachschlüssel machen lassen, um sich von Zeit zu Zeit aushäusig zu vergnügen.

So können sorgsam gehütete Geheimnisse zutage treten, denn Kommissar Zufall bringt manchmal die erstaunlichsten Dinge ans Licht.

Einer meiner Kunden, der offen homosexuell lebt, erzählte mir unlängst, er habe einen neuen Lover. Einen richtig tollen Typen. Kennengelernt hätten sie sich auf einem Online-Datingportal, einer App für Dates von Mann zu Mann.

»Schauen Sie mal!« Voller Enthusiasmus hielt er mir sein Handy hin. »Ist der nicht heiß?«

Das Profilfoto zeigte in der Tat einen sehr attraktiven Herrn, das musste ich zugeben. Mittelalt, schlank, volles dunkles Haar. Für das Foto hatte er mit offenem Hemd und einem äußerst einladenden Lächeln posiert.

»Könnte durchaus mehr draus werden«, schwärmte mein Kunde. »Ich suche schon länger was Festes, und dieser Typ ist was ganz Besonderes. Wir reden stundenlang. Wäre doch irre, eine echte Beziehung, die online angefangen hat.«

Ich wünschte ihm viel Glück.

Kurz darauf fuhr ich zu einer Besichtigung nach Tinnum. Eine Familie mit zwei Kindern interessierte sich für ein Apartment, das in unmittelbarer Nähe des dortigen Reitstalls liegt. Die kleine Tochter war eine begeisterte Reiterin, deshalb stand Tinnum ganz oben auf der Wunschliste.

Bislang hatte ich nur mit der Mutter telefoniert. Sie klang sehr nett. Nun freute ich mich darauf, die gesamte Familie persönlich kennenzulernen.

Wie vereinbart, kam ich etwas früher zu dem Termin, weil der Verkäufer noch einige Modalitäten mit mir klären wollte, bevor die Besichtigung losging. Als es klingelte, ließ er es sich nicht nehmen, selbst die Tür zu öffnen.

Einer nach dem anderen kam ins Wohnzimmer. Mami, Papi und zwei Kinder.

Ich schaute genauer hin. Gut, dass ich saß. »Möchten Sie vielleicht ein Glas Wasser, Herr Weißmann?«, fragte der Verkäufer besorgt. »Sie sehen etwas blass aus.«

Nein, dehydriert war ich nicht. Nur vollkommen verdattert. Kommissar Zufall hatte ganze Arbeit geleistet – und den Familienanschluss gleich mitgeliefert.

Kein Zweifel: Der liebe Papi, der mir zur Begrüßung freundlich die Hand reichte, war niemand anderes als das heiße Date meines Kunden.

Puh. Da heißt es diskret sein. Und aufpassen, dass einem nicht die Gesichtszüge entgleisen.

Der Duft von Räucherstäbchen

Was mich an Sylt immer wieder fasziniert, ist die unglaubliche Vielfalt von Menschen, die hier leben und arbeiten. Wer meint, dass sich auf unserer Insel nur die Superreichen tummeln, liegt völlig falsch. Es geht bunt zu, sehr bunt.

Da wäre unter anderem die Spezies der Späthippies. Einst bildeten sie ganze Kolonien auf der Insel. Ihre Strandpartys sind Legende, Joints und Sonnenaufgangsgesänge inklusive. Damals soll der Spruch »Sylt macht sychtig« entstanden sein.

Exemplarisch für diese Szene war Bambus-Klaus. In dem heruntergekommenen Bushaltestellen-Kiosk am Lister Ellenbogen richtete er die Bambus-Bar ein: ein Hauch Ibiza im hohen Norden, mit Schmetterlingsdeko und Lichtergirlanden an den sonnengelb gestrichenen Wänden. Einen »Immer-Ort« nannte er die charmante Bretterbude, weil Moden und Trends lässig daran vorbeirauschten.

Nebenbei betätigte sich Bambus-Klaus als Schlagersänger. Er war ein begnadeter Entertainer. Bei seinen berühmten Mondscheinpartys kletterte er auf das Dach des Kiosks und gab selbst geschriebene Syltschlager zum Besten.

Dann jubelten ihm alle zu, von der Lady im Nerz bis zur selbst ernannten Hippie-Queen. Manchmal schauten auch Kollegen wie Reinhard Mey und Jürgen Drews in der Bambus-Bar vorbei. Ina Müller, die heute eine eigene TV-Show hat, jobbte dort als Aushilfskellnerin. Möglicherweise hat sie durch Bambus-Klaus ihre Liebe zum Gesang entdeckt.

Wer es nostalgisch mag, kann sich den Sound jener Jahre auf YouTube anhören. Am erfolgreichsten wurde der von Bambus-Klaus geschriebene Song »Ich bin so gern auf Sylt«, eine herrlich schräge Mitklatschhymne auf die Insel. Tempi passati. Der sympathische Kneipier mit dem wallenden graublonden Haar weilt nicht mehr unter den Lebenden.

Aber die Sylthippies, die gibt es noch.

Das wurde mir mal wieder klar, als ein Haus zum Verkauf stand, das sich aus irgendeinem Grund als Ladenhüter entpuppte. So ist das halt: Manche Objekte sind blitzschnell weg, andere dümpeln vor sich hin – und man weiß nicht, warum.

Wieder und wieder führte ich Kunden durch das Anwesen. Es war ein wenig renovierungsbedürftig, doch die Lage stimmte, und der Blick war für Sylter Verhältnisse sehr attraktiv. Nichts zu machen. Ein Interessent nach dem anderen sprang ab.

Da der Verkäufer langsam ungeduldig wurde, trafen wir uns zu einem Gespräch. Als wir beratschlagten, was zu tun sei, machte er mir ein Geständnis: In dem Haus habe die härteste und skrupelloseste Maklerin von Sylt gewohnt.

»Wollen Sie damit etwa sagen, dass es was Karmisches ist?«, fragte ich belustigt.

Er zuckte mit den Schultern. »Könnte doch sein. Die Dame war ein furchtbarer Besen. Man munkelt, dass sie ihre Kunden nach Strich und Faden betrogen hat.«

Um offen zu sein: Ich bin absolut nicht esoterisch drauf. Die Räucherstäbchenabteilung ist nichts für mich. Dennoch gab mir die Sache zu denken.

Und nicht nur mir.

Eines Morgens erhielt ich Besuch von einer Dame undefinierbaren Alters, die sämtliche Blicke meiner Mitarbeiter auf sich zog. Sie trug ein bodenlanges buntes Gewand, dazu klappernde Holzperlenketten, und sie hatte dunkel bemalte Augen. Eine graue Haarmähne umwehte sie wie eine Sturmwolke.

»Ich muss Sie sprechen«, raunte sie bedeutungsvoll. »Ich kann Ihnen helfen.«

Plötzlich lag ein seltsamer Duft in der Luft. Ein Mix aus Schatzkiste, Marihuana und Räucherstäbchen. Okay, immer schön die Ruhe bewahren, dachte ich. »Worum geht es denn?«

Sie sah mich von oben bis unten an, so als hätte ich nicht alle Zwetschgen am Baum. »Das fragen Sie noch, Herr Weißmann? Natürlich um das Haus, das sich nicht verkaufen lässt.«

Irritiert musterte ich den handgeschnitzten Peace-Anhänger, der um ihren Hals baumelte. »Hm. Worin genau könnte denn Ihre Hilfe bestehen?«

Ein abgeklärtes Lächeln erschien auf Ihrem Gesicht. »Das Haus ist mit negativen Energien aufgeladen. Lassen Sie mich einen Monat darin wohnen. Ich werde es mit weißem Salbei ausräuchern und täglich reinigende Meditationsformeln sprechen. Danach ist es energetisch gecleart und wird ruckzuck einen Käufer finden.«

Für mich klang das nach Hokuspokus. Höflich lehnte ich ab.

Am nächsten Tag erschien sie erneut in meinem Maklerbüro.

»Herr Weißmann, Sie begehen einen großen Fehler, wenn Sie auf meine energetische Gabe verzichten.«

Unhörbar stöhnte ich in mich hinein. Mein Eindruck war, dass es der Dame nur darum ging, einen Monat lang mietfrei zu wohnen. Was ich ihr auch auf diplomatische Weise zu verstehen gab.

»Dann habe ich eine andere Idee«, kam sie unbeirrt mit dem nächsten Vorschlag um die Ecke. »Sie verlieren doch eine Menge Zeit, wenn Sie so viele Kunden vergeblich durch das Haus führen, oder?«

Auch wieder wahr.

»Und was wollen Sie dagegen tun?«

»Geben Sie mir eine Liste der Interessenten. Ich werde den richtigen Käufer für Sie auspendeln.« Wieder lächelte sie abgeklärt. »Für ein Prozent des Kaufpreises.«

Nun war ich wirklich platt. Das Haus sollte vier Millionen kosten! »Sie wollen also vierzigtausend Euro für das Auspendeln?«, vergewisserte ich mich.

»Ist doch ein Schnäppchen«, antwortete sie völlig cool.

Ganz entspannt im Hier und Jetzt geleitete ich sie aus meinem Büro. Witzig fand ich die Geschichte trotzdem. Jenseits der glamourösen Oberflächen begegnen mir immer wieder solche Originale. Aussteiger wie Bambus-Klaus, Hippies wie die Pendel-Dame.

Ohne solche Menschen wäre Sylt ein großes Stück ärmer.

Intermezzo – Kleiner Sylt-Guide für Einsteiger

Nach fast fünfzehn Jahren, die ich in meiner Wahlheimat lebe, kenne ich Sylt natürlich wie meine Westentasche. Trotzdem, langweilig wird es nie – ich verliebe mich täglich neu. So klein die Insel auch ist, sie bietet unglaublich viel Abwechslung, je nach Wetter und Licht auch ganz unterschiedliche Stimmungen. Die Orte sind ebenfalls erstaunlich verschieden. Ich vergleiche sie manchmal mit den Kindern einer großen Familie. Alle haben dieselben Eltern, aber jedes Kind hat seine eigene Persönlichkeit.

Hier kommt ein kleiner Überblick. Die QR-Codes lassen sich scannen und führen Sie zu stimmungsvollen Filmen über die folgenden Sylter Orte. Ich lade Sie ein, mit mir nach Sylt zu reisen!

Westerland – quirliges Städtchen mit Kur-Vergangenheit

Vom Autozug rollt man direkt ins Epizentrum des Sylter Tourismus. Achtung, noch ist die Stille weit weg.

Durch die vielen Einkaufsmöglichkeiten und Freizeitangebote ist die Inselhauptstadt ein Eldorado für Unternehmungslustige. Hier kann man wirklich aus dem Vollen schöpfen, sei es im Kultkaufhaus H. B. Jensen, in der Saunalandschaft Sylter Welle oder im einzigen Kino der Insel.

Das Flair des einstigen Kurbades ist immer noch erahnbar, deshalb stören die Bausünden der Sechziger nicht weiter. In ruhigen Nebenstraßen lassen sich viele Häuser mit typisch friesischen Details und verspielten Gründerzeitornamenten entdecken.

Strand und Dünen gibt's natürlich obendrauf, ebenso wie das Kurkonzert am Meer. Auch kulinarisch bietet Westerland eine Menge, von der Imbissbude bis zum richtig guten Fischrestaurant.

Morgens vor der Arbeit gehe ich am liebsten ins Café Leysieffer.

Der Latte macchiato ist köstlich. Und weil man auf Sylt bei wirklich jedem Wetter draußen sitzt, tue ich das auch und schaue den Leuten zu, die über die Friedrichstraße flanieren. Während ich meinen Kaffee trinke, überlege ich dann, welche Immobilie wohl zu wem passen könnte.

Für mich ist das wie eine Übung in Empathie.

Jaja, das klingt etwas pathetisch, aber ich betrachte es nun mal als meinen Job, Menschen mit einer maßgeschneiderten Immobilie glücklich zu machen.

List – Nordlicht mit Wanderdüne

List ist ein Ort der Superlative: der nördlichste Punkt Deutschlands, der nördlichste Hafen der Republik. Und nicht zu vergessen die nördlichste Fischbude Deutschlands.

Im Lister Hafen startete einst Jürgen Gosch sein legendäres Fischimperium – allein auf Sylt hat er heute zwölf Filialen. Inzwischen hat sich das Hafengelände zum Hotspot der Sylter Erlebnisgastronomie entwickelt. Ein besonderer Tipp ist die *Sylter Eismanufaktur*, denn hier bekommt man das berühmte Meersalz-Karamell-Eis. Schiffe besteigen kann man aber immer noch. An den Kais starten die Fähren nach Dänemark, zur Insel Rømø, genauer gesagt. Oder man bucht eine Kuttertour zu den Seehundbänken.

Ich mag die trubelige Atmosphäre – ein bisschen Jahrmarkt, ein bisschen Shoppingmeile, ein bisschen maritimer Freizeitpark. Schließlich braucht man nur ein paar Schritte zu gehen, und man gelangt in die Heidelandschaften und Salzwiesen ringsum.

Ach ja, ein Superlativ muss noch sein: Die Lister Wanderdüne ist die größte Europas. Imposante dreißig Meter ragt sie aus der Landschaft auf, mehr als zweitausendfünfhundert Fußballfelder könnte man auf das naturgeschützte Areal bauen.

Jenseits des Hafens bietet List viele attraktive Wohnmöglichkeiten. Dazu gehören neue Friesenhäuser, aber auch Klinkerreihenhäuser aus den Dreißigerjahren. Die sehen nicht nur gemütlich aus, sie haben auch eine geniale Raumaufteilung. Neu sind die sogenannten Beachhouses. Mit ihrer leichten Holzbauweise erinnern sie an die Strandarchitektur von Long Island. Ich persönlich mag diesen Stil sehr. Er wirkt luftig und elegant und passt viel besser nach Sylt als manches, was hier in den Sechzigern und Siebzigern hingeklotzt wurde.

Brauche ich eine mentale Auszeit, gehe ich mit meinem Hund am Lister Ellenbogen spazieren. Nirgendwo spürt man die Naturgewalten so hautnah wie an diesem Strandabschnitt. Hier kann ich nachdenken, ohne durch irgendetwas abgelenkt zu werden, hier treffe ich oft wichtige Entscheidungen.

Überhaupt hat der Anblick des Meeres etwas Kontemplatives. Seit Urzeiten rollen die Wellen an den Strand und kümmern sich nicht darum, wer da gerade entlangläuft. Das relativiert manches. Viele kleinere und größere Komplikationen des Alltags lösen sich buchstäblich in Luft auf.

Manchmal schaue ich auch den sportlichen Menschen zu, die wegen der Surf- und Kite-Reviere nach List kommen. Respekt: Bei dem rauen Wind und dem hohen Wellengang muss man wirklich was draufhaben.

Süderheide – das exklusive Hideaway

In den meisten Touristenführern sucht man vergebens nach diesem Rückzugsort. Aus gutem Grund: Süderheide besticht nicht nur durch dörfliches Friesenambiente, es hat auch einen hohen Diskretionsfaktor, den viele Promis zu schätzen wissen. In der Mitte zwischen Kampen und List im idyllischen Süderheidetal gelegen, kann man hier fast vergessen, dass Sylt ein Touristenmagnet ist.

Im Ort stehen fast nur Reetdachhäuser, deshalb wird Süderheide auch als distinguierter Vorort Kampens bezeichnet. Alles wirkt absolut authentisch, und es wird einiges dafür getan, dass das auch so bleibt. Die Bebauungsregeln sind streng, sogar die Bushaltestelle und das Transformatorenhäuschen haben Reetdächer.

Zu meinen Ritualen gehört der »Weg zum Himmel«, ein kleiner Fußweg zum Strand. Ich tauche darin ein wie in ein Tunnelgewölbe, so dicht ist er mit Sträuchern und Bäumen umwachsen. Ganz am Ende des Tunnels erahnt man schon den hölzernen Steg, der zum Wattenmeer führt.

Für mich hat der »Weg zum Himmel« etwas Verwunschenes, fast Magisches. Er ist mein Dimensionstor. Ich gehe hinein, mit tausend Gedanken im Kopf. Wenn ich dann auf der anderen Seite wieder herauskomme und sich der Blick auf den weiten Himmel und das endlose Wattenmeer öffnet, fällt alles von mir ab, was mich vorher beschäftigt hat.

Westerheide –
Auszeit für Eingeweihte

So wie sein Zwilling Süderheide ist auch Westerheide eine verborgene Schönheit. Die Reetdachhäuser stehen zumeist auf großzügig dimensionierten Grundstücken mit viel Platz für Liegestühle und Rhododendren.

Gastronomische Angebote und pralles Leben finden anderswo statt. Wer hier nach der eigenen Scholle Ausschau hält, kann sich darauf verlassen, ein äußerst diskretes Domizil zu erwerben.

Westerheide wirkt wie eine private Enklave.

Eine Besonderheit ist die große Heidefläche in der Dorfmitte, auf der Schafe grasen. Zäune sind dort untersagt, sodass man schon mal ein putziges Lämmchen im Vorgarten begrüßen kann.

Eine Kundin von mir entdeckte frühmorgens sogar zwei ausgewachsene Schafe, die sich in ihr Wohnzimmer verlaufen hatten. Ich half ihr dann, die Tiere höflichst wieder hinauszukomplementieren.

Kampen – der Rolls-Royce der Insel

Auf der Lister Straße gelangt man vom Süderheidetal weiter nach Kampen. Über keinen anderen Ort Sylts wurde schon so viel geredet, so viel geschrieben, so viel gelästert wie über die Diva unter den Inselorten. Manche sagen sogar, Kampen sei gar nicht repräsentativ für Sylt – so wenig wie New York repräsentativ für die USA ist.

Der Kontrast zur *splendid isolation* von Westerheide und Süderheide könnte nicht größer sein. Möglich wird's durch die größte Dichte stilvoller Friesenhäuser, kombiniert mit Luxushotels, Designerläden und gastronomischen Angeboten auf höchstem Niveau.

Berühmt ist die sogenannte Whiskymeile mit Kultlokalen wie *Kupferkanne,* Gretas *Rauchfang, Gogärtchen* und *Pony Club.* Die Macht der Mythen ist allgegenwärtig. Schon Gunter Sachs und Romy Schneider tranken hier Champagner und tanzten barfuß im Sand.

Heute genießen Sportlegenden wie Jürgen Klopp und Karl-Heinz Rummenigge die Kombination aus Blitzlicht und Bodenständigkeit, außerdem viele Wirtschaftstycoons.

Hecke an Hecke residierten und residieren bekannte Unternehmer mit großen Namen in Kampen: Familie Otto vom Otto-Versand, Familie Porsche, die Albrecht-Brüder oder Jan Philipp Reemtsma.

Viele wollen in dieser illustren Gesellschaft wohnen, obwohl die Grundstückspreise alles toppen, was in Sylt so aufgerufen wird.

Aufgrund der riesigen Nachfrage ist ein Haus in Kampen mittlerweile so etwas wie ein Lottogewinn.

Wer eine Immobilie ergattert, kommt übrigens am Reetdach nicht vorbei: Das ist in Kampen offiziell Pflicht.

Trotz des glamourösen Rufs ist hier beides möglich, sowohl Sehen und Gesehenwerden als auch noble Zurückhaltung hinter hohen Hagebuttenhecken. Und das Meer mit dem wohl schönsten Strandabschnitt Sylts ist immer nur einen kurzen Spaziergang entfernt.

Am beeindruckendsten finde ich den Sonnenuntergang am Strand von Kampen. Dann leuchtet das berühmte Rote Kliff in glühenden Purpurfarben, auf die selbst Tizian neidisch gewesen wäre.

Wenningstedt – der familiäre Erlebnisort

Und wieder sind wir in einer anderen Welt. Weder Glamour noch noble Zurückhaltung ist hier Trumpf: Wenningstedt bezeichnet sich selbst als goldene Mitte.

Das stimmt gleich in zweifacher Hinsicht. Zum einen liegt der Ort ziemlich genau in der Mitte der Insel, zum anderen herrscht hier eine gut kalkulierte Balance aus typischem Syltambiente und sympathischer Lässigkeit.

Rund um den malerischen Dorfteich wechseln sich neuere Einfamilienhäuser mit Reetdachbauten ab. Kleine Geschäfte, Bäcker und Boutiquen bieten dem Selbstversorger alles, was das Herz begehrt.

Im Laufe der letzten Jahre hat sich »die kleine Schwester von Westerland« vom reinen Wohngebiet zum beliebten Open-Air-Resort entwickelt. Unter anderem werden Klettern, Eislaufen und Funsport angeboten. Wer sandfrei joggen will, probiert die langen Holzstege in den Dünen aus. Spektakulär ist die dreißig Meter lange Röhrenrutsche, in der man von den Dünen direkt an den Strand sausen kann.

Mit seinen vielen Sportmöglichkeiten und Spielplätzen ist Wenningstedt ein Paradies für Familien mit Kindern. Hunde sind ausdrücklich willkommen. Sehr einladend, sehr lebendig, sehr *down to earth,* das Ganze.

Nur beim großen Kultladen *Feinkost Meyer* rauscht »tout Sylt« durch die schmalen Gänge. Hier kann man sich mit Champagner, Lachs und Hummer eindecken. Außerdem gibt es das von Gourmets geschätzte Sylter Meersalz.

Braderup – die begehrte Heideschönheit

Offiziell gehört der Ort zu Wenningstedt, doch wieder überrascht die Insel mit einem Szenenwechsel. Schon die Fahrt nach Braderup wirkt beruhigend aufs Gemüt: Rund um den Ort an der Ostseite der Insel erstreckt sich ein hundertvierzig Hektar großes Areal naturgeschützter Heide.

Während der Blütezeit, vom Frühjahr bis zum Spätsommer, gehe ich oft auf den hölzernen Stegen durch die Heidelandschaft spazieren, inmitten von Schafen, die hier in Scharen weiden. Die Schafherden sind übrigens ausdrücklich erwünscht, weil sich ein zu dichter Heidebewuchs negativ auf die Bodenqualität auswirkt. Wer ornithologisch interessiert ist, kann in dem Vogelschutzgebiet Graugänse, Kormorane und Säbelschnäbler beobachten.

So wie die Umgebung, steht auch Braderup ganz im Zeichen eines sanften, ökologisch verträglichen Tourismus. Dazu passt die Dauerausstellung im Naturzentrum, das unter anderem über die Geheimnisse des Wattenmeeres aufklärt.

Statt großer Hotels oder Wellnesstempel sieht man im Ortskern fast nur liebevoll restaurierte Friesenhäuser. Dazwischen bleibt viel Platz für Bäume und Sträucher, die dem Ort die Anmutung einer grünen Insel auf der Insel verleihen.

Braderup ist immer ländlich geblieben. Nach wie vor gibt es einige Bauernhöfe, in deren Hofläden regionale Erzeugnisse wie Käse und Heidehonig angeboten werden. Im Frühsommer hole ich mir hier Erdbeeren frisch vom Feld. Wer einen strapazierfähigen Rücken hat, kann sie auch selbst pflücken.

Beliebt sind Spaziergänge zum Weißen Kliff, der fünfzehn Meter hohen Steilküste; oder man wandert durch die Braderuper Heide ins nur zwei Kilometer entfernte Kampen. Hat man sich dort eine kräftige Prise Dolce Vita geholt, geht es zurück zur klassischen Heideschönheit.

Seit einiger Zeit sind Häuser in Braderup sehr begehrt. Wer eines der wunderschönen Reetdachhäuser erwirbt, befindet sich in Gesellschaft prominenter Nachbarn.

Munkmarsch – maritime Verschwiegenheit

Zwischen Braderup und Keitum liegt das kleine Munkmarsch. Einst beherbergte der Ort den wichtigsten Hafen Sylts, wo die Versorgungsschiffe und die Fähren voller Kurgäste anlegten. Das ist lange her. Seit dem Bau des Hindenburgdamms, der im Jahr 1927 eingeweiht wurde, können Gäste und Lieferanten bequem per Zug auf die Insel rollen.

Geblieben sind von Munkmarsch ein verwunschenes Dörfchen und ein Fährhaus im viktorianischen Stil. Letzteres wurde zu neuem Leben erweckt, als der Regisseur Roman Polanski geeignete Locations für seinen Film *Ghostwriter* suchte. Da Polanski in den USA ein Haftbefehl droht, mussten die Szenen, die in Martha's Vineyard spielten, in Europa gedreht werden.

In Munkmarsch entdeckten seine Location Scouts das alte Fährhaus und verwandelten es in das Hotel Fisherman's Cove. Dort steigt der Protagonist ab, gespielt von Ewan McGregor. Tiefgrauer Himmel und Nieselregen taten ein Übriges, um der Szenerie ein drehbuchgemäß depressivdüsteres Flair zu verleihen.

Jenseits des Films ist der Hafen alles andere als deprimierend. Im Laufe der Zeit wurde er zu einem Zentrum des Wassersports. Der größte Teil gehört einem privaten Jachthafenbesitzer, im zugänglichen Teil kann man Surfen, Segeln und Wakeboarding erlernen.

Außerdem verführen die schönsten Wanderwege der Insel zu ausgedehnten Spaziergängen. Kein Wunder, dass die trubelfreie Beschaulichkeit am Wattenmeer zunehmend Fans von außerhalb findet. Typisch für Munkmarsch sind alte und neue Klinkerhäuser im Friesenstil mit grünen Hecken ringsum. Ganz egal, ob man eine Auszeit zu zweit braucht oder einen stressfreien Familienurlaub, Ruhe ist in Munkmarsch garantiert. *My home is my castle!*

So speziell wie der Ort ist auch das dortige Petro-Surf-Festival, eine Mischung aus Surf-Event, Musikfestival und Porscheschau mit alten luftgekühlten Modellen.

Wenn es noch eines Belegs bedarf, dass Sylt die Insel der Individualisten ist, dann tritt Munkmarsch einen weiteren Beweis dafür an.

Keitum – Idylle am Wattenmeer

Weiter geht's nach Keitum. Von jeher zog es Syltbesucher in die ehemalige Inselhauptstadt mit den alten Kapitänshäusern und den bunt blühenden Bauerngärten. Kein Wunder: Wer durch die verwinkelten Gassen schlendert, inhaliert ein besonders entspanntes Inselgefühl. Hochgewachsene Kastanien, Ulmen und Linden runden das Bild einer ungetrübten Idylle ab.

Viele halten Keitum für das authentischste Fleckchen der Insel. Geschichtsträchtig ist es allemal. Davon kann man sich im *Altfriesischen Haus seit 1640* am Keitumer Watt überzeugen. Es ist noch so eingerichtet, wie es im 18. und 19. Jahrhundert üblich war: mit blau-weißen Tapeten, honigfarbenem Holzmobiliar und dem Alkoven, einer Schlafnische, die mit einem Vorhang vor der Kälte geschützt wurde.

Ein Schmuckstück ist die romanische Kirche St. Severin mit ihrem spätgotischen Schnitzaltar. Wer sich auf die Spuren altgermanischer Kulte begeben will, wandert zu den Hünengräbern Harhoog und Tipkenhoog.

Der Tourismus kommt auf leisen Sohlen daher. In Keitum erkannte man früh, dass der friesische Charakter erhalten bleiben muss, wenn man mit den Betten nicht auch gleich seine Seele verkaufen will. So fügt sich alles Touristische eher unauffällig ins Ortsbild ein. Die Häuser punkten mit Reetdächern und Storchennestern. Eine Hausbesitzerin, die sich besonders über die brütenden Störche freute, nannte ihr Heim fortan »Villa Pieper«. So heißt es heute noch.

Keitumer Gäste schätzen besonders die kleinen Lokale mit exzellenter norddeutscher Küche. Shopaholics kommen in Boutiquen und Kunsthandwerkgalerien auf ihre Kosten. Für Unterhaltung ist ebenfalls gesorgt. Zwei Reiterhöfe bieten Strandritte an, weniger Sportliche unternehmen eine Planwagenfahrt und wärmen sich anschließend in einer der gemütlichen Teestuben auf.

Ein Dorf zum Ankommen und Bleiben. Dahinter erstreckt sich die atemberaubende Weite des Wattenmeeres und lädt zum Freiluftkino für die Seele ein.

Archsum – der grüne Ruhepol

Südöstlich von Keitum führt der Weg zur »Nase« von Sylt, einer halbinselartigen Ausbuchtung Richtung Festland. Wer wissen möchte, wie es sich in früheren Zeiten auf der Insel gelebt haben mag, sollte Archsum besuchen. Hier wird man auf Schritt und Tritt daran erinnert, dass die Sylter einst als Seefahrer und Bauern ihren Lebensunterhalt verdienten.

Entsprechend urwüchsig wirkt das Dorf. Lange war die Landwirtschaft die wichtigste Einnahmequelle, und noch heute ist der Ort von ausgedehnten Feldern und Salzwiesen umgeben, die mit dem Horizont zu verschmelzen scheinen. Besonders schön ist Archsum zur Zeit der Rapsblüte. Dann leuchtet die Umgebung wie in Gold getaucht.

Ich mag den Ort vor allem wegen der vielen historischen Reetdachhäuser. Manche stehen auf Warften, also etwas erhöht, weil immer wieder Sturmfluten das Dorf bedrohten. Typisch für Archsum sind die weit herabgezogenen Dächer, die den Häusern etwas Heimeliges und auch Wehrhaftes verleihen. Immerhin halten sie oft seit mehr als zweihundert Jahren Wind und Wetter stand.

Schon in den Sechzigerjahren lockte die grüne Abgeschiedenheit Menschen an, die einen Ruhepol suchten. Lange bevor der Begriff Entschleunigung erfunden wurde, genossen sie die unaufgeregte Stille der ländlichen Atmosphäre.

Zu den ersten Fans gehörte der *Spiegel*-Verleger Rudolf Augstein. Er kaufte damals ein Anwesen in Archsum, zur Verwunderung vieler Journalistenkollegen, die ihn eher in

Kampen vermutet hätten. Heute hat sich hier unter anderem Bundestagspräsident Wolfgang Schäuble seine ganz persönliche Ruheoase geschaffen.

Morsum – das ländliche Juwel

Schon wegen des eindrucksvollen Morsumer Kliffs hat der Ort einige Berühmtheit erlangt. Die Steilküste steht unter Naturschutz, doch man kann daran entlangwandern und ein Gefühl dafür bekommen, welch ungeheuren Kräften die Insel schon standgehalten hat.

Die Schönheit und Ursprünglichkeit der Umgebung begeisterte bereits Verlegerlegende Axel Springer, auf dessen Initiative hier ein Golfplatz entstand. Dennoch lag der Ortskern mit seinen geschichtsträchtigen Friesenhäusern lange im touristischen Dornröschenschlaf. Inzwischen hat sich das Dorf zum beliebten Refugium für Zweitwohnungsbesitzer gemausert. Zu ihnen gehört TV-Moderator Johannes B. Kerner, der sich in das schmucke Dorf verliebte und ein Anwesen kaufte.

Daneben bietet Morsum ein idyllisches Wäldchen, einen Reiterhof und den Anblick weidender Deichschafe. Liebhaber regionaler Erzeugnisse können sich in Hofläden mit frischen Eiern, Pflaumenmus und Sylter Ziegenkäse eindecken.

Ganz locker fügen sich Natur und Kultur zu einem nach wie vor bäuerlich angehauchten Lebensgefühl. Der perfekte

Ort für alle, die in ländlicher Atmosphäre ihre Mitte finden möchten.

Tinnum – Freizeitparadies im Herzen Sylts

Bevor es von Morsum aus in den Süden der Insel geht, lohnt sich ein Stopp in Tinnum, das unmittelbar an Westerland grenzt. Zunächst streift den Besucher der Atem der Geschichte: Die ringförmige Wallanlage der Tinnumburg ist zweitausend Jahre alt. Als gesichert gilt, dass sie auf dem Gelände einer germanischen Kultstätte erbaut wurde. Die Häuser jener Zeit, bessere Erdlöcher, die aus aufgeschichteten Grassoden bestanden, sind längst verschwunden, nur der bis zu acht Meter hohe Wall kann noch bestaunt werden.

Im 17. Jahrhundert war der Ort Sitz des Sylter Landvogts. Heute vibriert das kleine Straßendorf mit seiner Mischung aus alten Friesenhäusern und Neubauten vor Lebendigkeit.

Tinnum ist vor allem für seine vielen ausgefallenen Läden und Freizeitangebote bekannt. Neben Outlets und großen Möbelgeschäften gibt es unter anderem eine Salzgrotte und eine Schokoladenmanufaktur. Auf dem Flughafengelände finden im Sommer die beliebten und viel frequentierten Open-Air-Konzerte statt. Wagemutige starten hier zu einem Rundflug über die Insel mit dem Gyrocopter – das ist ein Ultraleicht-Fluggerät mit Schubpropeller.

Eingebettet in grüne Wiesen mit bestens ausgebauten Radwegen, ist Tinnum auch der ideale Startpunkt für Fahrradtouren. Wer gern bei Wind und Wetter abschlägt, lebt seine Leidenschaft im Marine Golf Club Sylt aus. Kinder stehen mehr auf den Privatzoo, denn im Tierpark Tinnum gibt es unter anderem einen kleinen See, auf dem man ein paar Runden mit dem Tretboot drehen kann.

Insgesamt ist Tinnum mit seinen Gewerbehöfen und großen Läden nicht gerade der wahr gewordene Traum für Menschen, die es original friesisch und puppig überschaubar möchten. Für den Ort spricht jedoch, dass er einen hohen Freizeitwert besitzt.

Rantum – raue Schönheit zwischen den Meeren

Und jetzt ab in den Süden. Genauer: nach Rantum.

Der Ort liegt an der schmalsten Stelle Sylts. Eine heikle Lage. Mitte des 19. Jahrhunderts wurde das schmale Handtuch von gerade mal fünfhundertfünfzig Metern Breite durch eine schwere Sturmflut so gut wie zerstört, sodass fast alle Bewohner flüchteten. Insgesamt sechs Mal überflutete das Meer den Ort im Laufe seiner Geschichte, doch immer wurde er wiederaufgebaut.

Ein Schelm, wer die Sturmfluten als göttliche Strafe für kriminelle Energien interpretiert. Bis Anfang des 18. Jahrhunderts war Rantum berüchtigt für seine Strandräuber. Die sammelten entweder auf, was aus havarierten Schiffen angeschwemmt wurde – oder aber setzten falsche Leuchtfeuer, um ein bisschen nachzuhelfen.

In der Gegenwart erlangte Rantum einige Berühmtheit

durch die Edelstrandhütte *Sansibar,* wo man feine Küche und Spitzenweine lässig neben den Dünen genießt. Die Promidichte ist hoch. Regelmäßig ist das Lokal Schauplatz illustrer Partys, über die in den Gesellschaftsspalten großer Magazine berichtet wird. Aber auch ganz normale Touristen kommen hier voll auf ihre – nicht unbedingt moderaten – Kosten. Längst ist die *Sansibar* Kult. Das berühmte Piratenlogo findet man mittlerweile in allen Feinkostgeschäften der Republik.

Daneben erwarten den Wahl-Rantumer eine ortseigene Mineralwasserquelle, die jodhaltige Sylt Quelle, lange Strände, saftige Salzwiesen sowie ein Vogelschutzgebiet zum Wandern und Entdecken. Wer's noch gesünder mag, besucht die Strandsauna Samoa und erlebt unvergessliche Aufgüsse mit Meerblick.

Architektonisch war Rantum lange ein Sorgenkind. Hier wurde nach dem Krieg großzügig, aber weitgehend geschmacklos gebaut. Inzwischen sind viele der gesichtslosen Häuser aus den Sechzigern und Siebzigern abgerissen worden. Im Einklang mit der Natur entstanden nun vorwiegend zweistöckige Häuser mit friesischen Anklängen.

Von Juli bis September ist eine besondere Rantumer Attraktion das »Meerkabarett«. Zunächst fanden die Kleinkunstshows mit Comedy, Kabarett, Musik und Theaterdarbietungen in einem Zelt in Wenningstedt statt, danach zog man auf das Flughafengelände. Inzwischen hat die Veranstaltungsreihe eine feste Bleibe in einer Produktionshalle der Sylt Quelle gefunden, direkt am Wattenmeer. Das Meerkabarett hat einen Ruf weit über Sylt hinaus. Namhafte Künstler treten hier auf, vorher können sich die Gäste beim Pre-Dinner auf den Abend einstimmen.

Sturmfluten müssen Rantumer übrigens nicht mehr fürchten. Nach diversen Überschwemmungen, langwierigen Diskussionen und mehreren gescheiterten Anläufen wurde in den Achtzigerjahren des vergangenen Jahrhunderts endlich ein Deich gebaut.

So folgte man in Rantum doch noch dem alten friesischen Motto: »Wer nicht deichen will, muss weichen.«

Hörnum – meerumschlungenes Südlicht

An der äußersten Südspitze Sylts gelegen, wartet Hörnum mit gleich drei tollen Stränden auf. Mehr Meer geht wirklich nicht. Auch die archaischen Dünenlandschaften machen den Ort zum Hingucker, so wie das Wahrzeichen, der einzige begehbare Leuchtturm der Insel – auf dem man sogar heiraten kann.

Lange galt der Ort als Mauerblümchen, das allenfalls durch Kasernen und Erholungsheime von sich reden machte. Erst in den vergangenen Jahren blühte Hörnum auf. So konnte mit Bedacht und Geschmack gebaut werden; vorrangig entstanden Einzelhäuser im traditionellen Friesenstil.

Kleine Pointe: Auf einem hohen Hügel stehen die ehemaligen Armenhäuser des Orts; mittlerweile gehören sie zu den teuersten Häusern in Hörnum. Unter drei Millionen ist hier nichts mehr zu haben.

Der Meerblick ist ja auch einzigartig. Wer noch mehr Meer möchte, besteigt im Hafen ein Ausflugsschiff und lässt sich zu den Nachbarinseln, den Halligen und Seehundsbänken schippern. Wenn ich Gäste vom Festland habe, ist so ein Schiffsausflug schon fast obligatorisch. Zurück im Hafen, setzen wir uns ins Bistro Sylter Muscheln, mit Blick auf Segelboote und Katamarane. Sogar Jachten ankern hier. Und eine Freundin schwört, dass es im Hörnumer Hafen an den Sommerwochenenden den schönsten Flohmarkt der Insel gibt. Für viele meiner Kunden ist der nahe Golfplatz Budersand ein starkes Argument für Hörnum. Er liegt direkt am Meer und gewann schon eine Auszeichnung als schönster Golfplatz Deutschlands.

Wenn ich Zeit habe, wandere ich zur Hörnumer Odde. Die äußerste Südspitze Sylts ist besonders stark von der Meeresbrandung bedroht. Nach Sturmfluten hat es hier immer wieder dramatische Abbrüche gegeben. Manchmal ist es ganz gut, sich daran zu erinnern, was für ein wunderbares Geschenk Sylt ist. Ohne die aufwendigen Küstenschutzmaßnahmen mit Sandaufschüttungen und Strandgraspflanzungen wäre unsere schöne Insel wahrscheinlich längst vom Meer verschluckt worden.

Sightseeing de luxe

Vor vielen Jahren, damals stand ich beruflich noch ganz am Anfang, erlebte ich eine besonders denkwürdige Besichtigung. Die meisten Kunden verschaffen sich erst mal einen Überblick. Dieses Ehepaar war regelrecht detailversessen. Speziell die Gattin fragte mir unentwegt Löcher in den Bauch.

»Was ist das für eine Küche?«

»Warten Sie.« Ich schaute in meine Unterlagen und beantwortete ihre Frage.

Daraufhin zog die Frau ihr Handy heraus und tippte etwas ein. Dann hob sie den Kopf. »Und was hat sie gekostet?«

»Etwa so viel wie ein brandneuer Aston Martin.«

Das Paar wechselte einen Blick. »Aha«, sagte die Frau. »Sehr schöne Küche, die könnte mir gefallen.«

In diesem Stil ging es weiter. Die beiden wollten wissen, von welchem Label die Sofas im Wohnzimmer stammten, wer die Hängelampen im Flur designt hätte, wo man einen Schiefertisch wie im Esszimmer des Hauses herbekommt.

Als sie nach der Marke der Lichtschalter fragten, war es mit meiner Contenance vorbei. Ich bin ein friedliebender Mensch, aber was zu viel ist, ist zu viel. Deshalb beschloss ich, Klartext zu reden. »Verzeihen Sie, kann es sein, dass Sie gar kein Haus kaufen wollen?«

Betretenes Schweigen.

»Und kann es sein, dass Sie sich hier nur Anregungen für Ihre eigene Einrichtung daheim holen wollen?«

»Sie müssen das verstehen«, verteidigte sich die Frau.

»Das hier ist besser als *Schöner Wohnen.* Eine großartige Inspiration. Wo sonst sieht man denn schon so viel Geschmack auf einmal? Deshalb …«

»… ist die Besichtigung beendet«, kürzte ich die Sache ab.

Im Nachhinein verbuche ich das als Anfängerfehler. Damals war ich einfach noch sehr blauäugig.

Mittlerweile weiß ich: Nicht jeder, der mein Maklerbüro betritt, hat echtes Interesse an einem Immobilienkauf. Manche Leute sind reine Prospektsammler. Andere fragen ungeniert, ob ich ihnen Streichhölzer mit meiner Werbung schenken könnte. Oder sie wollen einfach mal die schicken Friesenhäuser von innen sehen, so wie die anfangs erwähnten H&M-Verkäuferinnen.

Besichtigungstourismus nennt man das. Es scheint eine neue Freizeitbeschäftigung zu sein. Gerade auf Sylt ist die Neugier riesengroß. Viele interessiert es, wie betuchtere Zeitgenossen wohnen, wie eine Luxusküche ausgestattet ist und welche Armaturen man an die Wanne schraubt, wenn Geld keine Rolle spielt. Sie haben es schlicht auf eine kostenlose Führung durch die Welt der Reichen und Schönen abgesehen. In meiner Arbeitszeit.

Als Makler musste ich deshalb lernen, Menschen einzuschätzen. Schon aus Selbstschutz, aber auch, um die Verkäufer zu schützen. Immerhin dringen Besichtigungstouristen aus Spaß an der Freud in die Intimsphäre der Hausbesitzer ein. Manche machen sogar Handyfotos und posten sie hinterher auf ihren Social-Media-Accounts. Oft mit Angabe des Ortes …

Wie indiskret ist das denn bitte?

Für mich wurde es daher immer wichtiger, die seriösen Kunden herauszufiltern. Stellen sie die richtigen Fragen, merke ich, dass sie sich ernsthaft mit der Materie auseinandergesetzt haben.

Auch ich stelle Fragen. Wie hoch ist das Budget? Wie viele Schlafzimmer sind gewünscht? Wie viele Bäder?

Wenn jemand sagt: »Zeigen Sie mal, was Sie so haben, ich weiß noch nicht, was ich will«, werde ich sehr, sehr hellhörig.

Vorsicht ist auch beim Äußeren geboten. Es gibt Leute, die sich für einen Maklertermin regelrecht verkleiden. Frauen leihen sich eine Hermès-Handtasche, Männer eine teure Uhr, auch ein gemieteter Porsche gehört oft dazu.

Im Gespräch wird dann heftig aufgetrumpft: »Schatz, ich will aber einen großen Pool, so groß wie in unserer Finca auf Mallorca.« Gängig ist auch: »Also, im Winter sind wir ja immer in Kitzbühel – hätten Sie da auch was Passendes im Angebot?« Oder: »Wo bekommt man denn hier gutes Personal? Wir brauchen mindestens einen Hausmeister, einen Gärtner, zwei Putzfrauen und eine Nanny.«

Hakt man genauer nach, fällt so manche Small-Talk-Blase schneller in sich zusammen als ein halb gares Soufflé. Spätestens bei Beruf und Budget müssen die Kunden Farbe bekennen, und da erlebt man so einige Überraschungen.

Ein Kunde behauptete anfangs, er sei Banker, und tat so, als jongliere er mit Millionen. Am Ende stellte sich heraus, dass er schlicht ein Sparkassenangestellter war.

Schön fand ich auch die Berufsbeschreibung einer auffällig teuer gekleideten Dame. Sie sei ganz, ganz groß im Beautybusiness, versicherte sie mir. Es bedurfte einiger Nachfragen, bis ich herausfand, womit sie ihr Geld verdiente: als Fachkraft in einem Nagelstudio.

Womit ich nichts gegen Sparkassenangestellte und Kosmetikerinnen sagen will. Das sind ehrenwerte Berufe. Trickssereien auf meine Kosten finde ich allerdings weniger lustig.

Ich bin Makler, kein Freizeitpark-Animateur, dessen Job es ist, Touristen zu bespaßen.

Aber mehr Schein als Sein heißt häufig die Devise – auch in weniger heiklen Situationen. Neulich kam ein Milliardär aus Hamburg zu einem großen Event auf die Insel. Ich staunte nicht schlecht, als er mir seine junge Mitarbeiterin vorstellte: Sie trug eine Rolex für sechsundfünfzigtausend Euro.

Nach dem zweiten Glas Wein gestand sie mir, ihr Chef hätte ihr die Rolex für den Abend ausgeliehen. Damit sie nicht so ärmlich rüberkommt – schließlich sei man hier ja auf Sylt.

Man kann des vermeintlich Guten auch zu viel tun.

Mittlerweile erkenne ich schnell, ob jemand seriös ist oder nicht. Wenn eine Dame mit Schmuck behangen wie ein Weihnachtsbaum bei mir aufkreuzt, ist das Geschmeide meist entweder unecht oder geliehen. Das Gleiche gilt für auffällige Labels. Niemand, der sich teure Designerklamotten leisten kann, läuft mit T-Shirts herum, auf denen einen halben Meter hohe Schriftzüge prangen. Männer, die sich für einen Maklertermin verkleiden, versuchen manchmal, mich mit übertrieben dimensionierten Uhren und dicken Goldketten zu beeindrucken.

Doch das typische Sylter Outfit kommt ohne Bling-Bling aus: eine Barbourjacke, die unbedingt getragen aussehen sollte, dazu Tod's-Schuhe, die auf keinen Fall getragen aussehen dürfen.

Und natürlich Kaschmirpullover. Die schlingt man sich wie in den Achtzigern um den Hals. Eingeweihte sprechen vom »Kampener Kringel«. Dazu ein SUV oder eine Mercedes-E-Klasse, fertig ist der syltkompatible Auftritt.

Womöglich mutet es seltsam an, dass ich mich über solche Äußerlichkeiten auslasse. Aber wenn man ein gebranntes Kind ist, wird man vorsichtig.

Sightseeing de luxe mag ein witziges Freizeitvergnügen sein – für mich ist es gestohlene Zeit. Und wer lässt sich schon gern bestehlen?

Was man sich so leistet

Ist man frischgebackener Besitzer einer eigenen Immobilie, startet die heiße zweite Phase: die Umgestaltung. Das ist ein großes Thema auf Sylt.

Nichts bleibt, wie es war, bis der Kunde rundum zufrieden ist.

Verkaufe ich Neubauten im Erstbezug, werden meist sämtliche Bäder und Böden rausgerissen, obwohl sie völlig neu sind. Aus der Perspektive der Käufer ist das durchaus nachvollziehbar. Wenn man schon Millionen für ein Haus hinlegt, will man sich nicht mit einem Badezimmer abfinden, dessen Naturstein einem nicht gefällt. Oder mit einem Boden, dessen Farbton haarscharf am mühevoll zusammengestellten Mobiliar vorbeischrammt.

Andere Kunden verfahren weit radikaler: Manche Neubauten, die erst wenige Jahre alt sind, werden direkt nach dem Kauf komplett abgerissen.

Kosten? Egal.

Frei nach dem Motto: »Was nicht passt, wird passend gemacht«, streben Käufer nach dem Maximum. Die Wertsteigerung ist ja ohnehin garantiert, auch wenn man komplett neu baut. Also wird nach eigenem Gusto ein Haus aufs Grundstück gesetzt.

Auch bei der Einrichtung sind Geschmack und Geld keinerlei Grenzen gesetzt.

Eine Kundin suchte den perfekten Esstisch. Ihre Ansprüche waren hoch: Es sollte eine Antiquität aus dem Art déco sein, einer Stilepoche, aus der nur noch wenige und mittlerweile sehr teure Möbel erhalten sind. Sie startete eine aufwendige Suche bei Händlern weltweit, bis sie das passende Exemplar gefunden hatte – einen eleganten schwarz lackierten Tisch für stolze dreißigtausend Euro.

Das kostbare Stück wurde durch eine international tätige Spezialspedition nach Sylt geliefert und kam erst einmal in die Garage. Nur der Sohn wurde nicht informiert. Als er übers Wochenende anreiste, fuhr er seinen Porsche mit Schwung in die Garage.

Der Tisch war hin.

Was Geldbeutel, Stil und Geschmack betrifft, ist die Variationsbreite enorm. Es gibt einfach alles: Gelsenkirchener Barock, Siegfried-&-Roy-Kulissen, Bauhaus-Purismus. Ob das immer zu Sylt passt, sei dahingestellt. Aber wie heißt es noch so schön? Des Menschen Wille ist sein Himmelreich.

Daran musste ich denken, als vor Kurzem eine frisch geschiedene Chirurgin ein Vierhundert-Quadratmeter-Anwesen in Rantum kaufte.

Es war ein Spitzenobjekt, erste Reihe Meerblick. Der Clou bestand jedoch aus dem Innenleben der Immobilie. Äußerst liebevoll hatte der Vorbesitzer die Räume in den originalen Zustand versetzt, mit antiken Holzbalken, schmiedeeisernen Fenstergittern und einem prächtigen alten Kachelofen im Wohnzimmer.

Mehr Sylt ging wirklich nicht.

Als die Papiere unterschrieben waren, überraschte mich die Kundin mit einer merkwürdigen Frage.

»Herr Weißmann, könnten Sie mir vielleicht einen guten Innenarchitekten empfehlen?«

Mehr als ein verdutztes »Wieso?« fiel mir dazu nicht ein.

»Nun ja …« Sie verdrehte die Augen zur Decke. »Das ganze altmodische Gedöns in dem Haus ist nichts für mich.«

Mir fiel fast die Kinnlade runter. »Wie jetzt? Wollen Sie das etwa alles raushaben?«

»Ich hatte an eine toskanische Anmutung gedacht«, säuselte sie verträumt.

Toskanisch. Auf Sylt. Nun fiel meine Kinnlade doch noch. Vorsichtig versuchte ich, sie umzustimmen. Mit Engelszungen schwärmte ich von den Vorzügen des original friesischen Interieurs und erwähnte, dass der Vorbesitzer mindestens eine Viertelmillion in die stilgetreue Renovierung investiert hatte. Alles vergebene Liebesmüh.

Sie wollte Toskana, sie bekam Toskana. Ein Dreivierteljahr lang gingen die Handwerker bei ihr ein und aus. Danach lud sie mich zu sich ein. Als sie mich durch die Räume führte, rieb ich mir die Augen.

Das Haus war nicht mehr wiederzuerkennen. Sämtliche Böden hatte man mit rotbraunen Terrakottafliesen ausgelegt. Überall standen Orangenbäumchen und weiße Marmorstatuen herum; bunte Wandmalereien im Renaissancestil zierten die Wände.

Mein leicht entgeisterter Blick schweifte weiter. Da, wo der wunderschöne mannshohe Kachelofen gestanden hatte, plätscherte jetzt ein Zimmerspringbrunnen – eine Miniaturausgabe der berühmten Fontana di Trevi in Rom. Nun gut, die italienische Hauptstadt liegt bekanntlich nicht in der Toskana, aber immerhin südlich der Alpen.

Auch Türen und Fenster waren ausgetauscht worden, was möglich war, da es sich nicht um ein denkmalgeschütztes Haus handelte. Nur die geschnitzte Küchentür, die nach draußen führte, hatte die Umgestaltung überlebt.

Halbwegs jedenfalls.

Ich erinnerte mich noch an die Tür, weil sie bei Besichtigungen immer große Begeisterung ausgelöst hatte. Ein Sylter Tischler hatte sie nach historischen Vorlagen im altfriesischen Stil gebaut. Ein wahres Meisterwerk der Handwerkskunst.

Nun war die untere Hälfte zerstört – für eine Katzenklappe.

Als wir in den ersten Stock gingen, zeigte mir die Frau ihr Schlafzimmer. Auch hier dominierte italienisches Flair. Über den Sideboards prangten riesige venezianische Spiegel, als Nachttische fungierten alte toskanische Weinkrüge mit Glasplatten als Ablagefläche. Was mich aber am meisten erstaunte: Die Betten standen so, dass man das Meer nicht sah. Viel hätte man allerdings sowieso nicht sehen können, weil vor den Fenstern schwere goldgelbe Samtportieren hingen.

Einmal mehr fragte ich mich, warum es für diese Dame eigentlich ausgerechnet Sylt sein musste. Vermutlich wusste sie es selbst nicht. Innerhalb von drei Jahren reiste sie nur zweimal an, wie mir Nachbarn berichteten. Ansonsten stand das Haus leer.

Das Blatt wendete sich, als sie wieder heiratete. Ihr Mann, ebenfalls ein Mediziner, liebte Sylt über alles. Er surfte, er segelte, er kitete, deshalb war die Insel ein echtes Freizeitparadies für ihn.

Es dauerte nicht lange, da saßen die beiden in meinem Maklerbüro. Diesmal übernahm der Gatte die Gesprächsführung. »Was soll ich sagen, Herr Weißmann, die Lage des Hauses ist wirklich grandios. Nur beim Innenleben hat meine Frau ja echtes Pech gehabt.«

Wie bitte?

»Damals gab es offenbar nichts anderes«, fuhr er fort. »Aber auf die Dauer halten wir den kitschigen Plunder nicht aus.«

Seine Frau fixierte mich mit einem scharfen Blick. Sofort verstand ich, was sie mir damit sagen wollte: Verraten Sie bloß nicht, dass die Einrichtung auf meinem Mist gewachsen ist.

»Jetzt wollen wir was Gescheites kaufen«, erklärte der Mann unternehmungslustig. »Am liebsten mit original friesischen Details. Haben Sie vielleicht ein Haus mit einem schönen großen Kachelofen im Angebot?«

Vintage oder Hygge, Hauptsache Sylt

So wie die Mode, folgt auch die Inneneinrichtung schnell wechselnden Trends.

Was haben wir nicht alles in den letzten zehn Jahren erlebt! Plastikmobiliar im amerikanischen Diner-Stil. Schwedisches Kiefernholz-Interieur. Retro-Nierentischchen. Ochsenblutrote Wände, weiße Wände, zwischendurch wild gemusterte Tapeten wie in den Siebzigern.

Auf Sylt ist das seit Kurzem etwas anders. Wer jetzt hier kauft, identifiziert sich hundertprozentig mit der Insel und will ein waschechter Syltianer werden. Das merkt man auch an den Designvorlieben: Ob Altbau oder Neubau, drinnen muss es nun unbedingt friesisch aussehen. Nein, nicht nur aussehen. Alles soll so authentisch wie irgend möglich sein.

Vintage heißt das neuerdings.

Zuerst setzte ein Run auf die ansässigen Baufirmen ein. Sobald ein altes Haus abgebrochen wurde, standen die Interessenten schon neben der Abrissbirne Schlange. Jeder wollte der Erste sein, um historische Dachbalken oder alte Fliesen und Mobiliar zu ergattern.

Der Markt reagierte umgehend auf den Trend. Heute bietet kein Ort in Deutschland eine derart konzentrierte Ansammlung historischer Baustoffe wie Sylt.

Die Auswahl ist riesig. Man kann originale Friesenkacheln in Weiß-Blau oder mit maritimen Motiven erwerben, andere Firmen haben hundert Jahre alte Ziegelsteine im Portfolio. Original Sylter Pflasterklinker und verwitterte

Sandsteinbrunnen gehören ebenfalls zu den Favoriten. Sogar antike Laternen aus Gusseisen sind zu haben.

Und nicht zu vergessen die eigens angefertigten Gartentore aus edlem Holz. Besonders stilecht wirken sie, wenn man rechts und links jeweils so viel Platz frei lässt, dass man bequem daran vorbeigehen kann. So macht man das halt auf Sylt – die Grundstücke sind ja mit Alarmanlagen ausgestattet.

Originale mit Patina haben natürlich ihren Preis. Ein einziger seltener marokkanischer Stein, ockerfarben, outdoorgeeignet, kostet so viel wie ein gutes Abendessen. Für eine Gartenmauer benötigt man grob geschätzt zehntausend bis dreißigtausend Stück. Die Kosten kann man sich leicht im Kopf ausrechnen.

Wer nicht so auf den maritimen Shabby Chic steht, holt sich den dänischen Hygge-Trend ins Haus. Auch dafür findet der stilbewusste Gemütlichkeitsfan reichlich Auswahl auf Sylt.

In List gibt's zum Beispiel alte dänische Kachelöfen. Beliebt sind auch historische Waschbecken aus Stein, die man in Neubauten integrieren kann. Sitzbänke aus antiken Hölzern und Raffrollos aus alten friesischen Leinenstoffen runden das Ambiente ab.

Spötter sprechen von *fake tradition.* Ich nenne es die Sehnsucht nach Beheimatung. In einer Welt der rasch wechselnden Moden möchte man eben irgendwo ankommen. Welcher Ort eignet sich besser dafür als Sylt? Hier spürt man den Hauch der friesischen Geschichte, die heroischen Zeiten der Walfänger, den wehrhaften Charme von Häusern, die kleine Trutzburgen waren.

Ein weiterer Vorteil besteht darin, dass man weitgehend vor Geschmacksverirrungen gefeit ist. Stilgetreue Möbel und Lampen erwirbt man risikofrei in den einschlägigen

Shops der Insel die Farbgebung changiert zuverlässig zwischen Weiß, Grau und Blau. Manche meiner Kunden sind so begeistert vom friesischen Stil, dass sie ihn sogar daheim auf dem Festland nachbauen lassen. Syltfeeling im Schwarzwald – warum nicht?

Wer es noch authentischer will, beauftragt einen Tischler aus dem Schiffsbau. Dann wird alles mit feinstem poliertem Mahagoni und Messingbeschlägen ausgekleidet. Es ist wirklich fantastisch, was diese Tischler leisten. Selbst kleinste Flächen können sie genial interpretieren, oft mit hochwertigsten seltenen Hölzern.

Fürs Wohnen wie in der Kapitänskajüte muss man mit sechsstelligen Kosten rechnen.

Wer ein traditionelles Friesenhaus erwirbt, muss sich natürlich auch um eine sachgerechte Renovierung des gesamten Anwesens kümmern, falls nötig. Das ist ebenfalls nicht ganz billig. Allein ein neues Reetdach kostet bei Einzelhäusern inzwischen um die einhunderttausend Euro. Dafür bekommt man dann aber höchste Handwerkskunst im Einklang mit der friesischen Tradition. Eingeweihte wissen, dass mehrere Varianten zur Auswahl stehen. Ungarisches Reet gilt unbestritten als der Porsche der Branche. Polnisches, rumänisches und türkisches geht auch noch durch, während chinesischem Reet der Ruch anhaftet, von minderwertiger Qualität zu sein.

Beurteilt wird das Reet nach Härte und »Dickhalmigkeit«. Es soll ja nicht nur gut aussehen, sondern auch Wind und Wetter standhalten. Wer auf sich hält, holt sich natürlich ungarisches Reet aufs Dach – und für den Rest des Hauses den originalen Friesenlook.

Auf die Einhaltung von Bauvorschriften wird übrigens penibel geachtet. Deutschland ist ja ohnehin ein Paragrafen-Biotop, aber wenn man in Orten wie Kampen, Süderheide und Westerheide baut oder kauft, sollte man ein geduldiger Leser amtlicher Verordnungen sein. Bis ins Kleinste wird vorgegeben, was erwünscht und was verboten ist. Die Fensterrahmenfarben zum Beispiel, oder die Form der Dachgauben. Manche Orte schreiben sogar historische Klinkersteine vor. Auch Fenstergrößen sind ein Riesenthema.

Das bekam neulich ein Kunde zu spüren, der die historischen Sprossenfenster aus dem Erdgeschoss seines Friesenhauses entfernen lassen wollte. »Ich habe eine Menge Geld für die Lage bezahlt, da will ich den teuren Meerblick wenigstens durch eine vollverglaste Wand genießen«, erklärte er selbstgewiss.

»Davon muss ich Ihnen leider abraten«, warnte ich ihn. »Die Denkmalschutzregeln auf Sylt sind sehr streng.«

»Ach was.« Er lachte herzlich. »Mein Haus, meine Regeln, Herr Weißmann.«

Einige Monate später empfing er mich zu einem Glas Champagner in seinem frisch renovierten Heim. Er war bester Stimmung. »Schön, dass Sie Zeit hatten. Sie werden staunen, was sich hier inzwischen getan hat.«

Wir gingen ins Wohnzimmer. Dort präsentierte er mir das technische Wunderwerk, das er sich geleistet hatte: ein riesiges Panoramafenster, etwa drei Meter fünfzig auf vier Meter. Per Fernbedienung ließ es sich im Boden versenken und war von außen verkleidet wie ein Scheunentor.

Mein Kunde war förmlich vernarrt in seine neue Errungenschaft. Wieder und wieder fuhr er das Fenster hoch und runter, wie ein kleiner Junge, der einen ferngesteuerten Hubschrauber zu Weihnachten bekommen hat.

Ich war gleichermaßen beeindruckt wie beunruhigt. »Dann hoffen wir mal, dass das keiner merkt«, murmelte ich. »Sonst könnte das ziemlich teuer werden.«

»Also, teuer war das schon«, betonte er.

Ich war nicht der Einzige, dem er sein neues Spielzeug zeigte. Gäste wurden eingeladen, Partys gefeiert. Auch seine Nachbarn kamen in den Genuss, das fabelhafte Panoramafenster bestaunen zu dürfen. Doch Sylt ist keine anonyme Großstadt. Rasch sprach sich die Sache herum. So kam es, wie es kommen musste: Die Sylter Behörden wurden auf das Wunderwerk aufmerksam. Eines Tages stand ein Beamter vor der Tür meines Kunden. Ob er mal das tolle Fenster sehen dürfe?

Bereitwillig zeigte ihm der stolze Hausbesitzer seinen spektakulären Scoop. Der Beamte kannte kein Pardon. Ernst erklärte er meinem Kunden, dieser Umbau sei ein grober Verstoß gegen die Bauverordnung und die Auflagen. Da half kein Bitten und kein Flehen: Das teure Fenster musste raus, die Butzenscheiben wieder rein. Mehr noch, es mussten Butzenscheiben gefunden werden, die den alten optisch entsprachen.

Für die Kosten, die dabei anfielen, hätte sich der Hausbesitzer locker drei Mittelklassewagen zulegen können.

Luxusprobleme der Zweitwohnungsbesitzer

Ich bin dann mal da – und gleich wieder weg: So könnte man das Reiseverhalten vieler Teilzeitresidenten beschreiben, die auf Sylt in den eigenen vier Wänden nächtigen. Manche kommen nur zwei Mal im Jahr. Andere nur alle drei Jahre.

Profis haben errechnet, dass mittlerweile die Hälfte aller Wohnsitze auf der Insel Nicht-Syltern gehört – mindestens. In Kampen ist das Verhältnis noch extremer: Dort kommen auf wenige hundert Sylter Bürger eintausendzweihundert Besitzer von Ferienresidenzen.

Außerhalb der Saisonzeiten – und ja, auf Sylt gibt es mehrere Saisonzeiten – wirken manche Orte wie Geisterdörfer. Ich habe mal gezählt: Oft brennt nur in jedem zehnten Haus Licht. Geht es aber auf die Rushhours des Insellebens zu, kommt plötzlich wieder Leben in die Bude. Zu Weihnachten, Ostern, Pfingsten und in den Sommermonaten haben Syltreisen Konjunktur. Nun strömen wieder alle her, die sich ihre emotionale Rendite abholen wollen.

Diese permanenten Schwankungen im Inselbetrieb gehören zum Sylter Rhythmus, ziehen jedoch auch spezifische Probleme nach sich.

Eine Familie, die ich lange kenne, beging im vergangenen Jahr das Osterfest auf Sylt. Auch ich war zum großen Brunch am Ostersonntag eingeladen. Es gab den traditionellen Hefezopf, dazu jede Menge traditionelle Gerichte, und da das Wetter ungewöhnlich mild ausfiel, tranken wir nachmittags im Garten Kaffee.

Eltern und Kinder hatten sich viel Mühe mit der Dekoration gegeben. In den Büschen und Bäumen vor dem Haus hingen bunte, handbemalte Eier, auf den Fensterbänken standen Porzellanhasen. Selten sieht man einen so liebevoll dekorierten Garten.

Kurz vor Weihnachten bekam ich einen Anruf von der Bürgermeisterin des Ortes.

»Sag mal, was ist mit deinen Kunden los?«, fragte sie deutlich gereizt.

»Hallo erst mal. Von welchen Kunden sprichst du?«

»Na, bei denen du Ostern warst.«

Moment, Ostern?

Mein Blick glitt zum Adventskranz auf meinem Schreibtisch. Zwei rote Kerzen brannten schon.

»Die Nachbarn stören sich daran, dass immer noch die Osterdeko in den Bäumen hängt«, setzte die Bürgermeisterin hinzu. »Kannst du den Leuten bitte mal sagen, sie sollen das Zeug wegräumen?«

Nein, konnte ich nicht. Das heißt, sagen konnte ich es ihnen schon, viel genützt hätte es aber nicht. Sie wollten erst im Frühjahr wiederkommen, so viel wusste ich.

Doch was tut man nicht alles – ein spezieller After-Sales-Service sozusagen.

Sogleich stieg ich in meinen Wagen und fuhr zu dem Haus. Einen Zweitschlüssel hatte man mir dagelassen. Für alle Fälle. Dies war jetzt so ein Fall.

Ei für Ei, Hase für Hase wanderte in eine große Tüte, bis alles clean war. Nicht das kleinste Osterei blieb zurück.

Kurz überlegte ich, ob ich vielleicht noch etwas Weihnachtliches im Garten aufstellen sollte. So als Wiedergutmachung für die Nachbarn. Doch dann hätte ich ja zwei

Wochen später erneut mit einer Tüte anrücken müssen. Ich ließ es bleiben. Anschließend empfahl ich der Familie einen Hausservice.

Auf Sylt, wo Abwesenheiten zur Tagesordnung gehören, sind solche Serviceagenturen gang und gäbe. Ein Heer von Bediensteten kümmert sich darum, dass alles gut in Schuss bleibt, während die Besitzer irgendwo auf dem Festland oder sonst wo weilen. Housesitter knipsen Lampen ein und aus, lüften durch, holen die Post aus dem Briefkasten. Vieles läuft natürlich mittlerweile auch digital, etwa die Geräuschkulisse aus Musik und Stimmen, die pralles Leben in leeren Räumen simuliert – teilweise synchron zur Beleuchtung. Da werden auch schon mal Autos hin- und herbewegt, um vorzutäuschen, das Haus sei bewohnt.

Nimmt man das De-luxe-Paket, bleiben die Servicekräfte auch eine ganze Nacht lang oder übers Wochenende im Haus. Bei Festbeleuchtung, damit es bewohnt aussieht. Tagsüber aalen sie sich in Liegestühlen auf der Terrasse und streuen Kinderspielzeug auf den Rasen. Man will ja nicht, dass irgendwelche dunklen Gestalten auf dumme Gedanken kommen. Auch der Garten wird ferngepflegt. Gärtner mähen den verlassenen Rasen und zupfen Unkraut. Man kann sie übrigens für eine sogenannte Flatrate von eintausendeinhundert Euro pro Monat buchen.

So ein Hausservice ist zweifellos eine gute Sache. Doch auch in diesem Business gibt es schwarze Schafe.

Es war ein turbulenter Winter, das Wetter spielte völlig verrückt. Mal schneite es, mal gingen Gewitter nieder. Während eines besonders heftigen Gewitters schlug der Blitz in das Haus eines Kunden ein. Er traf die Elektrik, und die Dampfsauna sprang an – deren Tür offen stand.

Im Grunde ist so was nicht weiter problematisch. Auf

mein Anraten hatte der Kunde einen Housesitter gebucht, der einmal pro Woche vorbeikam.

Oder besser gesagt: vorbeikommen sollte.

Denn er kam nicht. Erst drei Monate später, wenige Tage bevor der Besitzer anreisen wollte, wurde das Malheur von der pflichtvergessenen Servicekraft entdeckt. Es war ein noch recht junger Mann. Ohne sich irgendwas dabei zu denken, hatte er das Geld genommen, sich aber nie blicken lassen.

Ihm rutschte gehörig das Herz in die Hose, als er die Bescherung sah. Die tadellos funktionierende Sauna hatte zwei Stockwerke bedampft. Möbel, Teppiche, Gardinen. Betten, Gemälde, Bücherwände. Alles durchfeuchtet, alles hin.

Das Haus musste kernsaniert werden – kein halbes Jahr nach Fertigstellung.

Happy Valentine

Vor einigen Jahren kam einer meiner Kunden im Februar nach Sylt, abseits der üblichen Saisons. Pünktlich zum Valentinstag wollte er einen romantischen Abend mit seiner Lebensgefährtin verbringen. Eine wirklich schöne Idee. Allein zu zweit im kalten Februar kuscheln, während draußen der Wind ums Haus heult, das nenne ich romantisch.

Mein Kunde hatte alles sorgfältig geplant. Er war sogar vorausgefahren, um die Dame seines Herzens mit einer liebevollen Überraschung zu beglücken: Kurz bevor er sie abends vom Zug abholte, zündete er in seinem Haus ein Meer von Kerzen an.

So weit, so fantasievoll.

Allerdings hatte er vergessen, dass die Reinigungskraft täglich vorbeikam. Der Deal gestaltete sich denkbar einfach. Parkte sein Wagen vor der Tür, brauchte sie nicht ins Haus zu kommen – alles in Ordnung, hieß das. Blieb der Parkplatz leer, hatte sie den Auftrag, einmal alle Räume zu checken.

Woher sollte sie wissen, dass ihr Auftraggeber nur unterwegs zum Bahnhof war?

Sie sah keinen Wagen, daher betrat sie das Haus, entdeckte die brennenden Kerzen und bekam einen gehörigen Schreck. In Windeseile löschte sie alle Flammen, heilfroh, dass sie noch rechtzeitig gekommen war, um Schlimmeres zu verhindern.

Am nächsten Morgen rief mein Kunde die Reinigungsdame an. Bitterlich beklagte er sich, sie habe seinen romantischen Abend zerstört. Natürlich war die gute Frau ziemlich geknickt. Sie gelobte Besserung.

Ein griechischer Philosoph behauptete einst, man könne nicht zweimal in denselben Fluss steigen. Mein Kunde war da ganz anderer Meinung – und in seine Kerzen-Idee mindestens so verliebt wie in seine Lebensgefährtin.

Ein Jahr später lud er sie erneut zum Valentinstag nach Sylt ein. Diesmal wollte er ihr sogar einen Antrag machen. Nichts durfte schiefgehen. Nichts *würde* schiefgehen.

Der Champagner stand kalt, die Kerzen waren entzündet, die Reinigungskraft gebrieft. Damit stand einem unvergesslichen Abend nichts mehr im Wege. Voller Vorfreude fuhr er wie gehabt zum Bahnhof, um seine Liebste abzuholen.

Der Zug hatte Verspätung. Zehn Minuten. Macht nichts, sagte er sich, zehn Minuten sind ja nicht die Welt. Zwölf Minuten später schloss er seine Lebensgefährtin in die Arme. Endlich. Frohgemut fuhren sie los, als plötzlich wie aus dem Nichts ein Motorradfahrer vor ihnen auftauchte, die Kontrolle über sein Gefährt verlor und mit einem Riesenkrach mitten in den Wagen bretterte.

Schockschwerenot.

Mit zitternden Knien stieg das Paar aus. Gottlob hatte sich niemand ernstlich verletzt. Alle drei waren mit dem Schrecken davongekommen, doch der Blechschaden war beträchtlich. Also rief man die Polizei.

Das dauerte. Währenddessen tickte die Uhr. Langsam, aber sicher brannten daheim die Kerzen runter.

Panisch rief der Kunde seine Reinigungskraft an. Sie ging nicht ans Handy: Feierabend. Daraufhin schickte er ihr mehrere WhatsApps, ohne eine Antwort zu erhalten. Er versuchte es bei den Nachbarn. Keiner da. Nicht im Februar.

So verfiel er auf die Idee, mich anzurufen.

Es war mittlerweile halb neun, ich saß noch im Büro und arbeitete. Selbstverständlich ließ ich alles stehen und liegen und raste los. Als ich in die stockdunkle Straße einbog, sah ich schon von Weitem einen glühenden orangefarbenen Widerschein, der von dem Haus ausging: Die Gardinen brannten.

Kein Nachbar hatte etwas bemerkt. Weil kein Nachbar da war.

Sofort wählte ich den Notruf. Den Rest erledigte die Feuerwehr, die mit mehreren Wagen anrückte, während ich in meinem Auto ausharrte, wie gelähmt vor Schreck.

Geheiratet haben die beiden Liebenden trotzdem. Nur den Valentinstag, den feierten sie nie wieder.

Pannenhilfe aus erster Hand

Makeln ist Multitasking, so viel dürfte inzwischen klar geworden sein. Und das endet für mich keineswegs, wenn die Verträge unterschrieben sind. Oft geht es dann erst richtig los.

Die meisten Kollegen ziehen den Job durch und verschwinden danach von der Bildfläche: Mehr wird ja auch nicht von ihnen verlangt. Bei mir bleiben viele, viele Bindungen bestehen. Möglicherweise vertraut man mir einfach. Sicher ist, dass ich zu jenen Menschen gehöre, die niemanden im Regen stehen lassen, wenn's mal klemmt.

Während des ersten Corona-Lockdowns durften Zweitwohnungsbesitzer nicht nach Sylt. Logistisch kam da so einiges durcheinander. Auch bei einem Ehepaar, das sich mit Lebensmitteln eingedeckt hatte.

Die Frau meldete sich umgehend bei mir. »Herr Weißmann? Holen Sie doch bitte den Kaviar aus dem Kühlschrank, der verfällt sonst.«

Aber gern doch. Ich bin zwar kein ausgesprochener Kaviar-Fan, doch es wäre wirklich schade gewesen, die kostbaren Fischeier dem Verderben preiszugeben.

Einen Tag später rief mich eine achtzigjährige Dame aus Baden-Baden an. »Herr Weißmann! Ich bin zu einem Essen eingeladen, aber meine Sommerkleider sind alle auf Sylt! In meinem Haus! Wo ich jetzt nicht hinfahren darf!«

Natürlich half ich ihr. Da auch sie mir einen Schlüssel dagelassen hatte, stellte ich ihr eine komplette Sommergarderobe zusammen: Kleider, Kostüme, Schuhe, Handtaschen, Tücher, Hüte. Alles farblich passend sortiert, versteht sich.

Danach packte ich die gesamte Garderobe in zwei große Kleiderkartons und schickte sie per Express an ihren Heimatort.

Selten hat mir jemand seine Dankbarkeit so überschwänglich gezeigt. Die alte Dame war vollkommen aus dem Häuschen, dass sie in textiler Hinsicht nun wieder aus dem Vollen schöpfen konnte. »Sie sind ein wahrer Engel!«, juchzte sie. »Ohne Sie wäre ich verloren gewesen!«

Na ja, verloren bestimmt nicht, aber eben ohne ihre geliebten Sommeroutfits, an denen sie in ihrem hohen Alter immer noch Freude hatte.

Eine andere Kundin rief mich vor Jahren an, weil sie am Flughafen Frankfurt ihren Koffer vergessen hatte. Einfach stehen gelassen, der Himmel weiß, warum. Gut möglich, dass sie unter Stress stand, weil sie auf Sylt zu einem großen Event eingeladen war. Die Sorte Event, die beruflich äußerst wichtig für sie werden konnte. In Jeans und T-Shirt konnte sie sich dort nicht blicken lassen.

Also sagte ich zwei Termine ab und begleitete sie auf eine ausgedehnte Shoppingtour kreuz und quer über die Insel. Wir fanden zwei Abendkleider, in denen sie großartig aussah. Am Ende strahlte sie nur noch. »Wollen Sie nicht den Beruf wechseln, Herr Weißmann? Stilberater wäre auch was für Sie.«

Och, nee … Schuster, bleib bei deinen Leisten. Steine, Holz und Ziegel sind mir näher als Samt und Seide.

Wesentlich schräger war da schon der Anruf einer Kundin, die aus familiären Gründen völlig überstürzt nach Hause fahren musste. »In der Abreisehektik habe ich was Wichtiges vergessen!«, rief sie ins Handy.

»Was denn?«

»Meine Zahnspange!«

Es gibt appetitlichere Herausforderungen.

Am Tag zuvor hatte ich das Haus bewertet, deshalb war ich noch im Besitz des Schlüssels. Das Ganze entwickelte sich dann buchstäblich zur Last-Minute-Aktion. Als ich ihr die Zahnspange überreichte, wurde ihr Wagen gerade auf den Autozug in Westerland verladen.

Ein anderer Fall von Pannenhilfe ergab sich paradoxerweise, als eine Kundin *mir* helfen wollte. Acht Jahre lebte sie schon in einem Haus, das ich für sie gefunden hatte, nun wollte sie sich kleiner setzen.

Gern erklärte ich mich bereit, das Objekt zu inserieren. »Vorher müsste ich allerdings noch einen professionellen Fotografen vorbeischicken«, erläuterte ich das Prozedere. »Gute Fotos sind die Basis für einen erfolgreichen Abschluss.«

»Hm, das wird schwierig«, entgegnete sie. »Ich habe das Haus an Feriengäste vermietet, was bedeutet, dass ich auch bei den Besichtigungsterminen nicht so flexibel bin.«

Das hörte sich tatsächlich kompliziert an.

»Aber wissen Sie was?«, fügte sie deutlich munterer hinzu. »Für die Vermietung habe ich damals viele Fotos selbst gemacht. Die sind gar nicht so schlecht. Soll ich sie Ihnen mal schicken? Sie können die Bilder gern direkt auf Ihrer Website hochladen.«

Binnen weniger Minuten trudelten die Aufnahmen ein. Und es stimmte, sie waren gar nicht mal so schlecht. Doch drei, vier hatten einen gewaltigen Haken. Das sah ich allerdings erst, als ich die Fotos auf meinem großen Computermonitor öffnete.

Genau da lag der Hase im Pfeffer. Meine Kundin hatte die Bilder immer nur auf ihrem Handy betrachtet und war schon im Begriff, sie auf Facebook einzustellen.

Das konnte ich gerade noch verhindern.

Drei Fotos zeigten einen antiken Gläserschrank. Aber man sah noch mehr. Ich bekam eine Gänsehaut bei dem Gedanken, dass diese Fotos fast veröffentlicht worden wären. Der Schrank hatte eine verspiegelte Innenwand, wodurch sich der Effekt schöner alter Gläser verdoppelt.

Es gab nur ein Problem: Ungewollt hatte die Kundin sich selbst im Spiegel fotografiert.

Nackt.

Putzfrau gesucht

Manchmal wundere ich mich selbst, wie viele Pleiten und Pannen ich schon hingebogen habe.

Neulich bat mich eine Kundin um Hilfe, die in Deutschland ziemlich prominent ist. In ihren Jugendjahren posierte sie mehrfach für ein bekanntes Herrenmagazin, weitgehend textilfrei, geschmackvoll inszeniert. Nach wie vor ist sie wunderschön, und noch immer hat sie unglaublich viele Fans.

Das ist schmeichelhaft, aber auch nicht gerade einfach. Zwar hält sich die Paparazzidichte auf Sylt in Grenzen, doch wenn man als Promi seine Ruhe haben will, muss man schon ein bisschen auf sich aufpassen.

Sonnenbrille ist Pflicht. Blickdichte Gardinen verstehen sich von selbst. Beim Friseur checkt man auch schon mal unter einem falschen Namen ein.

Seit ich der Kundin eine hübsche Wohnung vermittelte – den Ort nenne ich hier natürlich nicht, vielleicht war's auch ein Haus –, blieben wir stetig in Kontakt. Ich mag sie, weil sie sich eine herzerfrischende Gutartigkeit erhalten hat. Für mich ist das wie ein kleines Wunder. Auf Dauer soll das Showbusiness ja lauter Zyniker hervorbringen, sie dagegen ist immer noch mädchenhaft arglos.

Vielleicht ein wenig zu arglos.

Als sie mich anrief, zitterte ihre Stimme. »Eric, es ist einfach furchtbar. Dabei wollte ich nur eine neue Putzhilfe, aber dann …«

Meine Antennen waren schon voll ausgefahren. »Du liebe Güte, was hast du angestellt?«

»Na ja, ich dachte, wir leben doch im Zeitalter von Social Media. Du weißt schon, Schwarmintelligenz und so. Deshalb habe ich auf meinem Facebook-Account die Frage gepostet, ob jemand Lust hat, bei mir zu putzen.«

Lust. Ein ganz, ganz heikles Stichwort. Inzwischen konnte ich mir fast schon denken, welche Art von Antworten sie bekam.

»Das war so dumm von mir!«, jammerte sie.

»Sag, wie schlimm ist es?«

»Über hundert Männer haben mir geschrieben, und es werden immer mehr«, beichtete sie mir. »Meist schreiben sie richtig eklige Sachen. Dass sie nackt bei mir putzen wollen und sogar noch Geld drauflegen, wenn ich sie in meine Wohnung lasse.«

Da war Krisenmanagement gefragt. Noch am selben Tag empfing ich sie im Büro.

Als Erstes musste der Facebook-Account komplett gelöscht werden, das war unumgänglich. Man kann anzügliche Nachrichten vielleicht eine Weile ignorieren, irgendwann guckt man aber doch mal rein, und dann besteht große Verletzungsgefahr. Danach richteten wir für sie einen neuen privaten Account ein. Zutritt nur mit Freundschaftsanfrage, Massennachrichten ausgeschlossen.

»Danke, Eric.« Sie atmete merklich auf. »Und wo bekomme ich jetzt eine Putzfrau her?«

Ihr hilfloser Blick rührte mich. In solchen Augenblicken fühle ich mich ein bisschen wie ihr großer Bruder. »Keine Sorge, wir hören uns diskret für dich um«, beruhigte ich sie. »Damit habe ich einige Erfahrung. Wenn du willst, filtere ich dir die seriösen Kandidaten heraus.«

»Kandidatinnen«, korrigierte sie mich schmunzelnd.

Zusammen fanden wir dann eine wunderbare Dame mittleren Alters, die ihre Dienste als Reinigungskraft anbot.

Sie kam aus Tschechien, hatte fünf Kinder großgezogen und war bereits zweifache Großmutter. In den Ferien bringt sie manchmal ihre Enkelkinder zu den Putzterminen mit. Dann kocht meine Freundin Kakao und spielt mit den Kleinen »Mensch ärgere Dich nicht«.

Ein Spiel, das jeder beherrschen sollte …

Helfe ich gern? Ja. Bin ich ein Engel? Absolut nicht. Ein Heiligenschein steht mir sowieso nicht, und wenn mir alles zu viel wird, reitet mich durchaus schon mal der Teufel.

Ein Kunde wandte sich an mich mit einem delikaten Problem – gelinde gesagt. Seine siebzehnjährige Tochter sei nicht zufrieden mit ihrem Körper, sie wünsche sich eine Brustvergrößerung.

»Herr Weißmann«, fragte er, »haben Sie irgendeine Idee, was ich meiner Tochter darauf antworten könnte?«

Leicht entnervt sah ich zur Uhr. Es war halb elf Uhr abends. Ich bin Makler, kein Beauty-Doc, kein Psychologe.

»Wissen Sie was? Ich würde Ihrer Tochter zu einem Kompromiss raten: Erst mal mit einer Brust anfangen. Wenn's ihr dann gefällt, kann sie später mit der anderen weitermachen.«

Er hat mich nie wieder so was gefragt.

Lever dot als Slaav

Die Sylter – also die geborenen Sylter – sehen den Hype um ihre Insel durchaus mit gemischten Gefühlen.

Verständlicherweise. Im Laufe einer mal glorreichen, mal entbehrungsreichen Geschichte hat sich hier ein ganz spezieller Menschenschlag herausgebildet: stolz, selbstbewusst, erdverbunden.

Ein gewisses Dilemma ist damit vorprogrammiert. Einerseits verdient man sehr gut an Gästen, die hier übernachten, Restaurants frequentieren, shoppen gehen, Häuser und Wohnungen kaufen. Andererseits sind Sylter nicht unbedingt die geborenen Dienstleister.

Gastgeber, ja, sehr gute sogar. Diener, nein.

»Lever dot als Slaav« – lieber tot als Sklave –, lautet seit Urzeiten das Motto der Friesen. Da unterwirft man sich nicht kampflos, wenn alle Jahre wieder große Menschenmassen die Insel fluten. Da behält man den Kopf oben.

Legendär ist die ehemalige Besitzerin einer Luxus-Boutique, eine resolute, leicht exzentrische Dame. Selbst gekrönten Häuptern und mächtigen Wirtschaftsmagnaten begegnete die stolze Friesin auf Augenhöhe. Sklavendienste? Nein danke.

Außerordentlich mochte sie es, wenn Leute tiefstapelten. Das definierte sie als wahre Noblesse. Überhaupt neigen die Norddeutschen dazu, nicht so viel Gewese um sich zu machen. Neureiches Gehabe mit Was-kostet-die-Welt-Attitüde war der Dame deshalb ein Gräuel.

Einmal kam ein Ehepaar in ihren Laden, das gut betucht genug war, spontan eine sechstausend Euro teure Handtasche ins Auge zu fassen. Allerdings hatten sie versäumt, die Dame des Hauses angemessen zu begrüßen. Auch sonst ließen sie einiges an Dezenz und Höflichkeit vermissen.

Während sich die vollschlanke Gattin mit dem edlen Stück am Arm vor dem Spiegel hin und her drehte, holte ihr Mann ein dickes Geldbündel aus seiner Hosentasche. Damit wandte er sich an die Besitzerin. »Bitte sehr, ich zahle bar.«

Er hatte nicht mit ihrem verletzten Stolz gerechnet. Grimmig rollte sie mit den Augen, dann stemmte sie beide Arme in die Hüften. »Sagen Sie Ihrer Frau, sie soll die Handtasche sofort zurück ins Regal stellen«, zischte sie. »Ihre Gattin ist viel zu füllig für dieses Modell.«

Auf so was muss man erst mal kommen.

Fluchtartig verließ das Paar den Laden, die Geschäftsführerin verzog sich grollend ins Büro hinter dem Ladenraum.

Wenig später kehrte das Paar zurück. Offensichtlich wollten sie die Schmach, dermaßen barsch abgebügelt zu werden, nicht auf sich sitzen lassen.

Diesmal stand eine Verkäuferin hinter dem Tresen.

»Eine Unverschämtheit ist das, wie man hier behandelt wird!«, tobte der Mann. »Das lassen wir uns nicht bieten! Ich will sofort die Chefin sprechen!«

Die Besitzerin hörte ihn natürlich sehr gut. Ungerührt rief sie ihrer Angestellten aus dem Hinterzimmer zu: »Sagen Sie dem Herrn, dass ich nicht da bin!« So musste das düpierte Paar ein zweites Mal unverrichteter Dinge den Laden verlassen. In London, Paris oder Nizza wäre ihnen das garantiert nicht passiert.

Manche Touristen sind aber auch nicht ohne. Diese Erfahrung machte ein Kurdirektor eines Inselorts, der eines schönen Morgens einen dicken Briefumschlag auf seinem Schreibtisch fand. Als er ihn öffnete, lag darin ein angebissenes Kotelett. Dazu das Schreiben eines wütenden Urlaubers, der sich über die mangelnden kulinarischen Qualitäten eines bekannten Restaurants beschwerte.

Kann man es den Syltern verdenken, dass sie ihre Gäste zuweilen mit kritischem Blick beäugen?

Selbst Wahlsylter können eine gewisse Ruppigkeit an den Tag legen. Das bekamen die Gäste eines Lokals zu spüren, in dem einst die berühmte Grotesk-Tänzerin Valeska Gert Hof hielt. Die eigenwillige Wirtin konnte auf ein bewegtes Leben zurückblicken, als sie in den Fünfzigerjahren nach Sylt zog. Schon in den Dreißigern hatte sie mit unkonventionellen Tanzpantomimen Furore gemacht, später arbeitete sie mit berühmten Regisseuren wie Fassbinder und Fellini.

In Berlin hatte sie einst ein Etablissement namens *Hexenkessel* geführt, in Kampen eröffnete sie den *Ziegenstall.* Ein Servicetempel war das nicht gerade, denn der Name war Programm. Man saß zwischen Futterkrippen, und das ziemlich unbequem auf Holzbänken und Melkschemeln. Die Kellner bekamen kein Gehalt. Sie mussten von den Trinkgeldern leben, die sie sich mit kleinen Tanz- und Kabaretteinlagen erspielten. Auch Klaus Kinski, später das absolute Enfant terrible deutscher Schauspielkunst, hielt hier die Gäste für Bares bei Laune.

Bemerkenswert war aber vor allem ein Spruch, der an der Wand hing und nichts an Bissigkeit vermissen ließ: »Gäste sind wie Ziegen. Sie werden gemolken und meckern.«

Oldtimerbeweger und Tiefseetaucher

In der Hochsaison weilen bis zu hundertfünfzigtausend Touristen auf der Insel. Also gleichzeitig. Sie alle wollen essen, trinken, einkaufen. In Gastronomie und Hotellerie werden deshalb händeringend Servicekräfte gesucht. Mit Einheimischen lässt sich der Bedarf schon lange nicht mehr stemmen. Heutzutage arbeiten überwiegend Nicht-Sylter zum Wohle der Touristen.

Sie müssen regelrecht hergelockt werden. Denn Sylt ist teuer. Mit einem durchschnittlichen Gehalt kann man hier kaum noch die hohen Mieten bezahlen. Die Alternative besteht darin, sich eine Bleibe auf dem Festland zu suchen und jeden Morgen in den Zug zu steigen.

Viertausend Menschen pendeln täglich zwischen Festland und Insel. In der Sommersaison kommen Menschen dazu, die vorübergehend als Kellner, Koch, Zimmermädchen oder Putzhilfe ihr Geld auf Sylt verdienen.

Eine Insel, die viele anspruchsvolle Zweitresidenten beherbergt, braucht aber natürlich auch sehr spezielle Arbeitskräfte – zum Beispiel Reetdachdecker, versierte Gärtner und verlässliche Housesitter.

Dazu kommen alle Arten medizinischen Fachpersonals. Früher florierten hier die Praxen der Kurärzte, inzwischen hat sich die Palette der Gesundheitsleistungen und Wellnessangebote beträchtlich erweitert. Dafür braucht man Ärztinnen, Masseure, Personal Trainer, Farbtherapie-Spezialistinnen, Aromatherapeuten, Reikimeisterinnen, Diätassistenten ... die Liste ließe sich beliebig verlängern. Nur eine Geburtsstation, die gibt es nicht mehr auf Sylt. Sie wurde geschlossen, weil zu wenige Ur-Insulaner auf der Insel leben, die hier ihren Nachwuchs zur Welt bringen.

Auch der Kampener Kindergarten musste vor einigen Jahren seine Pforten schließen. Gerade mal zwei Steppkes gab es noch, die betreut werden sollten. Zu wenig für den Normalbetrieb. Das war das Aus.

Kindermädchen hingegen sind immer noch heiß begehrt, denn Sylt ist eine ausgesprochene Familieninsel. Viele Eltern wollen abends in Ruhe ein Restaurant besuchen oder auf Partys gehen. Wer nicht die eigene Nanny mitbringt, engagiert dann bevorzugt junge Insulanerinnen, wohl in der Hoffnung, auf eine gewisse Bodenständigkeit vertrauen zu können. Die Kindermädchen wiederum finden es interessant, den gehobenen Lebensstil der Betuchten kennenzulernen.

Womöglich kennen sie auch die Geschichte eines anderen friesischen Kindermädchens, Friede Riewerts von der Nachbarinsel Föhr. Die heuerte einst beim Zeitungsverleger Axel Springer an – und wurde seine vierte Ehefrau.

Nach Sylt, wo Springer ein Haus besaß, flogen die beiden bevorzugt mit dem Hubschrauber ein. Noch heute ist der Hubschrauber ein beliebtes Verkehrsmittel, um anzureisen. Oder man nimmt gleich den Jet. So klein die Insel auch ist, es gibt sogar eine eigene Fluggesellschaft, die SyltAir. Das Portfolio umfasst Privatflug, Business Charter, VIP-Reise und Lufttaxi. Auf diese Weise wurde Sylt auch zum Arbeitsplatz von Piloten und Bodenpersonal.

Zu den eher skurrilen Jobs gehört der Oldtimerbeweger. Kein Witz. Die kostbaren Gefährte mögen es nun mal nicht, wenn sie monatelang in der Garage stehen. Deshalb werden sie regelmäßig aus ihrem Dornröschenschlaf geweckt und auf der Insel spazieren gefahren. Ein Traumjob für Studenten, die sich solche exquisiten Einzelstücke niemals leisten könnten.

In die Abteilung »skurrile Berufe« gehören auch die Mülltonnenbeweger. Ja, die gibt's wirklich. Einmal pro Woche stellen sie die Mülltonnen der abwesenden Hausbesitzer auf die Straße, um bewohnte Häuser zu simulieren. Sonderlich schwer ist der Job nicht – die Mülltonnen sind ja leer.

Vor Kurzem hörte ich, das Sylter Arbeitsamt suche im Auftrag einer Headhunteragentur einen Taucher. Auf einer Insel nichts Ungewöhnliches. Prinzipiell jedenfalls. Doch dieser Taucher sollte nicht etwa einen Schatz vom Meeresgrund bergen oder Schiffsrümpfe von Muscheln befreien. Nein, er sollte die Scheiben eines Aquariums reinigen.

Von innen.

Spontan fragte ich mich, wie groß dieses Aquarium wohl sein mochte, dass ein ausgewachsener Mensch darin herumschwimmen kann. Dann fiel mir ein, was man sich über die Inhaberin eines großen IT-Unternehmens erzählte. Die Dame gilt als eine der erfolgreichsten Unternehmerinnen Europas in diesem Bereich.

Angefangen hat alles mit Online-Auktionen. Bald kamen Kabelnetze hinzu, seitdem ging's bergauf.

Heute besitzt sie mehrere prächtige Anwesen und eine Jacht.

Dagegen war die Villa auf Sylt ein echtes Schnäppchen. Etwa zwanzig Millionen Euro bezahlte sie für das Haus, zu dessen Vorbesitzern legendäre Verleger gehörten. Das Schmuckstück liegt in bester Lage und in einer der teuersten Straßen Deutschlands. Alle wollen da wohnen.

Wirklich alle.

In Keitum gab es sogar einen Hauseigentümer, der an einer Ecke dieser Straße ein Haus abriss, ein Doppelhaus auf das Grundstück setzte und anschließend nicht ertrug, dass seine Adresse danach »nur« noch den Namen der angrenzenden Straße trug. Zwei Jahre lang klagte er. In dieser Zeit gaben sich diverse Gutachter die Klinke in die Hand. Vorgärten wurden auf den Millimeter genau ausgemessen, Nachbargrundstücke taxiert, alte Wegepläne rausgekramt. Am Ende konnte er tatsächlich die heiß ersehnte Adresse auf seine Visitenkarten drucken lassen.

Es geht also nicht um irgendeine Straße. Es geht um *die* Straße. Sie ist nur fünfhundert Meter lang, aber mittlerweile so berühmt, dass mindestens zehn Mal im Jahr das Schild gestohlen wird. Offenbar gibt es Hobookenweg-Groupies, die es kultig finden, wenn an der heimischen Wand ein derart illustres Straßenschild hängt.

Solche Probleme hatte die Unternehmerin nicht. Die Adresse stimmte, der Wattblick war grandios, das Straßenschild konnte sie anschauen, wann immer sie wollte. Allerdings war ihr das Haus nicht groß genug. Und weil man in dieser Gegend nicht in die Höhe bauen darf, stellte sie ihren vielfach erprobten Erfindergeist unter Beweis.

Sie baute einfach in die Tiefe.

Drei unterirdische Stockwerke legte sie an, um das kostbare Grundstück effektiv zu nutzen. Ein Kellergeschoss ist für ihre Oldtimersammlung reserviert. Das zweite für einen Weinkeller.

Und ja, im dritten Untergeschoss ließ sie ein riesiges Aquarium einbauen. So riesig, dass man für die Reinigung eigens einen Taucher engagieren muss. Nun hat die Hausherrin klare Sicht auf allerlei exotische Fische, die – unsichtbar für vorbeischlendernde Spaziergänger – tief unter der Erde das Auge erfreuen.

Auch der Indoorgarten im Erdgeschoss bleibt den Flaneuren verborgen: ein begehbares Herbarium, das den Vergleich mit botanischen Gärten deutscher Großstädte nicht scheuen muss, wie man hört.

Sehr wahrscheinlich hat der Hausherr noch mal die Hälfte der Kaufsumme draufgelegt, um das Anwesen nach seinen Ansprüchen zu gestalten. Nun wird es von allerlei dienstbaren Geistern bevölkert – und einem echten Tiefseetaucher.

Da bekommt das Wort Tiefstapeln plötzlich eine ganz neue Bedeutung.

Hinter den Kulissen

Sylt ist eine Bühne mit vielen Darstellern. Die Menschen, die das aufgeführte Stück erst möglich machen, bleiben jedoch meist verborgen. Im Theater sind es Bühnenarbeiter, Beleuchterinnen, Maskenbildnerinnen, Souffleure, die ein Schattendasein hinter den Kulissen führen. Auf Sylt sind es die vielen wunderbaren Servicekräfte.

Zum Beispiel treffe ich immer wieder auf großartige Putzfrauen.

Geht es nach dem Willen ihrer Auftraggeber, sollen sie so unsichtbar bleiben wie die Heinzelmännchen von Köln. In Wahrheit wissen diese Frauen oft mehr über die gesellschaftlichen Gepflogenheiten und deren Nebenwirkungen als ihre Chefs. Nichts entgeht ihnen, und sie machen sich auch so ihre eigenen Gedanken.

Einmal erhielt ich den aufgeregten Anruf einer Putzhilfe, die mit der Endreinigung eines Ferienhauses beauftragt worden war. »Herr Weißmann, könnten Sie bitte ganz schnell vorbeikommen? Ich glaube, Sie sollten sich das selbst ansehen.«

Als ich das Haus betrat, führte sie mich sogleich in die Küche. Dort öffnete sie die Besteckschublade.

»Was sagen Sie dazu?«

Ich traute meinen Augen nicht: Zwischen Messern, Gabeln, Löffeln lag ein riesiger Haufen Geldscheine.

»Ich habe nachgezählt«, flüsterte die Putzfrau ergriffen. »Es sind über achtzehntausend Euro.«

Wow.

»Die Gäste sind schon vor drei Tagen abgereist.« Augenrollend hob die Frau ihre Hände. »Und haben noch nicht mal gemerkt, dass ihnen so viel Geld fehlt.«

Das entsprach den Tatsachen. Da ich den Familienvater kannte, hätte er sich sonst bestimmt bei mir gemeldet.

»Danke, dass Sie so ehrlich waren«, sagte ich. »Das hier ist ja wahrscheinlich ungefähr die Summe, die Sie in einem ganzen Jahr verdienen.«

»Falls Sie denken, ich wäre neidisch – nein, bin ich nicht«, entgegnete sie mit einem feinen Lächeln.

»Das zeugt von Größe.«

»Ach was.« Sie schaute sich in der schicken Küche um. »Wer hier achtzehntausend Euro liegen lässt, ohne es zu merken, hat doch keinen Spaß mehr am Geld.«

Eine eigenwillige Sicht der Dinge. »Wie meinen Sie das?«, fragte ich.

»Herr Weißmann, ich kann mich über jeden Schein freuen, den ich als Trinkgeld bekomme. Wenn es ein größerer Schein ist, leiste ich mir davon ein T-Shirt. Oder auch mal Sushi. Das genieße ich unsagbar. Doch dass diese Leute noch viel Freude am Geld haben, wenn sie es einfach liegen lassen und das nicht mal merken, kann ich mir nicht vorstellen.«

Da sprach eine wahre Philosophin.

Neulich unterhielt ich mich mit einer äußerst sympathischen Putzhilfe namens Elena. Ich kenne sie seit vielen Jahren, im Laufe der Zeit hat sich ein freundschaftliches Verhältnis entwickelt. Außerdem ist sie absolut verschwiegen. Wenn wir uns unterhalten, wissen wir beide, dass das Gesagte strikt unter uns bleibt.

Elena wischte gerade die Küche, als ich morgens um neun zur Besichtigung in ein Haus kam, wo sie eine Putzstelle hat.

Als Erstes bot sie mir einen Kaffee an. Bald drehte sich das Gespräch um den abwesenden Hausherrn.

»Wissen Sie zufällig, wo er ist?«, fragte ich. »Wir hatten eigentlich einen Termin.«

»Na ja.« Elena ließ ihren Wischmop in den Wassereimer platschen. »Er ist jetzt immer viel unterwegs. Heute Nacht war er gar nicht zu Hause. Sein Bett ist unberührt.«

Auch ich hatte schon gehört, dass dieser Herr mit seinen stattlichen siebzig Jahren einen dritten Frühling erlebte. Keine Party ließ er aus, oft tanzte er bis zum frühen Morgen. Sogar als Schürzenjäger betätigte er sich neuerdings.

»Wie macht er das nur in seinem Alter?«, wunderte ich mich.

»Er hat eben Feuer unter dem ... also, er hat unglaublich viel Energie«, lächelte Elena.

»Meinen Sie, dass er eventuell aufputschende Substanzen nimmt?«, wagte ich mich etwas weiter vor. »Drogen zum Beispiel?«

Da brach sie in schallendes Gelächter aus. »Der? Nein, niemals!«

»Was macht Sie so sicher?«

Unvermittelt wurde sie ernst. Dann ging sie zum Küchenschrank, zog eine Schublade auf und holte einen Stapel mit vielen kleinen Zetteln heraus.

»Sehen Sie sich das an, Herr Weißmann. Für jede Kaffeepackung, jede Flasche Champagner, jedes einzelne Staubtuch muss ich ihm Quittungen vorlegen. Das versucht er alles von der Steuer abzusetzen. Mein Chef ist ein Lebemann, aber auch hinter jedem Cent her.«

Ich begriff den Zusammenhang nicht ganz. »Was hat das denn jetzt mit Drogen zu tun?«

»Er trinkt Champagner, als gäbe es kein Morgen, weil er das alles von der Steuer absetzen kann!« Wieder lachte sie.

»So wie die Bewirtungen, wenn er mit seinen Freunden oder seiner Geliebten unterwegs ist. Verstehen Sie es jetzt? Koks kann man nicht von der Steuer absetzen. Der Mann würde niemals Geld für Drogen ausgeben.«

Selten habe ich eine so scharfsinnige Analyse gehört.

Für zartbesaitete Gemüter ist es allerdings nicht immer so einfach, mit dem Lebensstil der gehobenen Sylter Society klarzukommen.

Unlängst kam ich mit einem jungen Mann ins Gespräch, der in einem der nobleren Sylter Restaurants als Kellner jobbt. Er fiel mir auf, weil er immer freundlich, immer zugewandt wirkte und bei den Gästen sehr beliebt war.

Als ich ihn darauf ansprach, reagierte er ganz anders als gedacht.

»Ich kellnere auf Sylt, weil ich etwas über Menschen lernen will«, erklärte er mir.

So ein Statement hatte ich noch nie gehört. Nachvollziehen konnte ich es durchaus, denn auch ich habe ja durch meinen Beruf so einiges über die Menschen erfahren.

Als wir uns etwas besser kannten, erfuhr ich die ganze Geschichte. Nach und nach erzählte mir der junge Mann, er stamme aus Süddeutschland und habe reich geerbt. Das wisse hier aber niemand. Genau deshalb sei er auf die Insel gekommen. »Wenn du Kellner bist, erlebst du die Leute ungeschminkt. Hier gibt es ja wirklich alles: die Netten und die Arroganten.«

»Und was ist der tiefere Sinn solcher Studien über die menschliche Spezies?«, fragte ich.

»Ich wollte wissen, was ich aus meinem Leben machen soll.« Sein Blick verschleierte sich, als er zu den anderen Tischen des Lokals hinüberschaute. »Sehen Sie sich das an. Hier sitzen die Reichen, die Schönen, die Erfolgreichen.

Und geschätzte neunzig Prozent sind kreuzunglücklich. Oder gelangweilt. Meist beides.«

Das erstaunte mich. Aber gut, es war halt seine Erfahrung.

»Was folgt denn jetzt für Sie daraus?«

»Das ganze Geld nützt einem nichts, wenn die Seele leidet«, antwortete er mit einem treuherzigen Augenaufschlag. »Je länger ich die Gäste beobachtete, desto genauer wusste ich, wie ich meinem Leben Sinn verleihen kann. Sylt lässt nur einen Schluss zu: Ich werde Theologie studieren.«

Familiäre Abgründe

Es ist wunderbar, große glückliche Familien zu erleben, die sich ihr Nest auf Sylt bauen. Für Kinder ist Sylt ein Paradies. Hier fühlen sie sich viel freier als zu Hause.

Doch nicht immer sind die familiären Verhältnisse erfreulich. Beim Geld hört die Freundschaft auf, heißt es. Ich würde hinzufügen: Beim Geld gibt's keine Verwandten mehr.

Einmal hatte ich ein sehr attraktives Haus im Portfolio, das ich im Auftrag einer Erbengemeinschaft verkaufen sollte. Sämtliche Vorgespräche liefen in einer sehr angespannten Atmosphäre ab. Die drei erwachsenen Kinder des verstorbenen Hausbesitzers schenkten sich wirklich nichts. Andauernd lag Streit in der Luft.

Eine besonders erregte Debatte entbrannte um die Gegenstände, die der Verblichene hinterlassen hatte. Es ging um antike Möbel und äußerst wertvolle Gemälde. Sollte das alles mitverkauft und der Erlös geteilt werden?

Die Meinungen klafften weit auseinander. Während die beiden Söhne dafür plädierten, es sei doch praktisch, das Inventar auf diese Weise loszuwerden, beharrte die Tochter darauf, alles minutiös aufzuteilen – schließlich hänge sie an bestimmten Stücken.

Mir war sehr unwohl dabei. Aus diesem Grund vermied ich es, mich einzumischen.

Nachdem sich ein Käufer gefunden hatte, reisten alle drei Kinder an. Wieder wurde über das Inventar diskutiert, wieder gab es keinen Konsens. Das Ende vom Lied war, dass erst mal alles eingelagert werden sollte. Eine teure Lösung, doch das war den Kontrahenten herzlich egal. Keiner wollte nachgeben.

Vor allem der ältere Sohn beharrte darauf, man solle mit der Entscheidung warten. Er war Jurist, ein knallharter Typ, dessen auffällige rote Brille irgendwie nervte. Seine Geschwister behandelte er wie Dienstboten, ich war quasi Luft für ihn.

Nur einmal richtete er das Wort an mich. »Herr Weißmann, ich erwarte, dass Sie die Einlagerung organisieren.« Kein Bitte, kein Danke brachte er über die Lippen, lediglich dieses herrische »Ich erwarte«.

Bevor die Sachen abgeholt werden sollten, wollte die Tochter noch einmal ins Haus gehen, um Kleinigkeiten als Andenken mitzunehmen. Aber ihr älterer Bruder kassierte alle Schlüssel ein und gab sie mir. Ab jetzt sei das Haus verbotene Zone, erklärte er.

Das war mittags um eins. Danach reisten alle ab. Da ich organisatorische Dinge gern sofort erledige, fuhr ich noch am selben Abend zum Haus, um eine Inventarliste anzufertigen. Es würde eine lange Liste werden, so viel wusste ich schon.

Als ich aus dem Auto stieg, sprach mich ein älterer Herr an, der seinen Hund Gassi führte. »Hier war ja heute Nachmittag ganz schön was los«, grantelte er.

»Ach ja? Was denn?«

»Na, die Straße war stundenlang verstopft«, antwortete er kopfschüttelnd. »Wegen der großen Umzugswagen. Haben Sie was damit zu tun?«

»Ich? Nein.« Plötzlich hatte ich ein mulmiges Gefühl im Bauch. Irgendwas stimmte da nicht. »Was haben Sie sonst noch gesehen?«

»So einen komischen Mann mit roter Brille. Sie glauben gar nicht, wie unhöflich der war. Als ich ihn fragte, wie lange das noch dauert mit den Umzugswagen, hat er mich eiskalt abblitzen lassen.«

Inzwischen schrillten Alarmsirenen in meinem Kopf. Eilig ging ich zum Haus und schloss die Tür auf.

Leere Räume gähnten mir entgegen. Nur Wertloses war zurückgeblieben. Zerschlissene Fußabtreter und allerlei Krimskrams, wie er sich im Laufe der Zeit ansammelt. Die antiken Möbel, die kostbaren Bilder – alles weg.

Die Sachen tauchten nie wieder auf. Wohin der älteste Bruder sie gebracht hatte, blieb im Dunkeln. Er schwor, nichts von irgendwelchen Umzugswagen zu wissen. Und wer hätte schon einem alten Herrn geglaubt, der ihn zwar gesehen hatte, aber handylos war und kein Beweisfoto vorlegen konnte? Auch den Namen der Umzugsfirma hatte er sich nicht gemerkt, weshalb man der Spur nicht nachgehen konnte.

Der große Schriftsteller Karl Kraus verwendete einst den Ausdruck »Familienbande«. Er betonte, man solle vor allem auf den Begriff »Bande« achten. Leider hat er nicht ganz unrecht.

Elton John in der Tiefgarage

Wenn es ein Beispiel für die Macht der Mythen gibt, dann Sylt. Eine fast magische Aura umgibt die Insel. So als hätten sich hier Dinge zugetragen, die jeden verwandeln, wenn er seinen Fuß auf Sylter Boden setzt.

Namen wie Thomas Mann, Stefan Zweig, Gunter Sachs liegen in der Luft. Oder Dieter Bohlen. Und nicht zu vergessen Wolfgang Schäuble. Auch das gehört zum Phänomen Sylt. Dieses Fluidum, dass lauter Berühmtheiten die Insel mit ihrer Anwesenheit beehrt haben und beehren. Muss ja was dran sein an diesem gebogenen Haken aus Sand, wenn die Promis Schlange stehen, oder?

Dabei begann alles ganz unspektakulär. Bis Mitte der Sechzigerjahre wurde die Insel vorwiegend von rüstigen Rentnern und naturliebenden Familien frequentiert, ähnlich wie die anderen Nordfriesischen Inseln Föhr, Amrum, Pellworm und Nordstrand.

Wer auf Sylt urlaubte, suchte das große Naturschauspiel von Wind und Meer. Dazu den einzigartigen Frischluftkick mit einem Schuss Dünenromantik. Oder er machte eine Kur.

Ab Mitte des 19. Jahrhunderts strömten mehr und mehr Gesundheitstouristen auf die Insel, um sich im berühmten Reizklima zu erholen. Menschen jeden Alters inhalierten die Aerosole der Brandung und setzten auf die heilenden Kräfte des Meerwassers, damals noch in züchtig hochgeschlossenen Badeanzügen.

In den Zwanzigern kamen die Künstler. Das Who's who aus Kunst und Kultur gab sich in der Kampener Pension Kliffende die Klinke in die Hand. Emil Nolde ließ sich vom magischen Licht inspirieren, Marlene Dietrich schätzte die rustikale Abgeschiedenheit, Thomas Mann begeisterte sich für das »erschütternde Meer«.

Auch ein bisschen Boheme durfte nicht fehlen. Wenn die skandalumwitterte Tänzerin Gret Palucca nackt durch die Dünen tanzte, wehte ein Hauch Verruchtheit übers Strandgras. Manchmal soll sie auch giftgrüne Seidenhöschen getragen haben.

Immerhin.

In den Sechzigern kamen die Massen. Viele der hübschen wilhelminischen Villen Westerlands wurden abgerissen, an ihrer Stelle entstanden eilig hochgezogene Apartmenthäuser. Die Strände füllten sich, die Stille wich vergnügtem Ferientrubel.

Der Immobilienhype setzte jedoch erst ein, als Jetset-Playboy Gunter Sachs den kargen Reiz Sylts entdeckte. Der international bekannte Industrieerbe logierte in Keitum, im »grünen Vergessen«, wie es der Schriftsteller Max Frisch so lyrisch formulierte. Zum Feiern ging's nach Kampen. Dort befand sich die »Whiskymeile«, dort konnte der Playboy vom Dienst trinken, tanzen, turteln.

In seinem Tross befanden sich die Reichen, die Schönen, die Berühmten. Tagsüber aalten sie sich am FKK-Strand Buhne 16, nachts floss Champagner. Die mondänen Partys jener Jahre sind Legende. Alle Welt sprach plötzlich vom »Saint-Tropez des Nordens«.

Zugleich wurde es schick, ein eigenes Hideaway zu erwerben. An zahlungskräftiger Kundschaft mangelte es nicht. Verleger wie Rudolf Augstein und Axel Springer legten sich Residenzen zu, Wirtschaftstycoons wie die Flicks und die

Krupps folgten. Und bald auch Schauspieler, Politiker und all jene, die sich im friesischen Understatement-Glamour sonnen wollten.

Denn Understatement gehörte von Anfang an dazu. Man protzte nicht, man gab sich bodenständig, zumindest nach außen. Was hinter den hohen Hagebuttenhecken vor sich ging, blieb auch hinter den hohen Hagebuttenhecken.

In diese Phase fiel nicht zufällig die Geburt der Mythen. Genaues wusste man nicht, also reimte man sich eben was zusammen.

Andächtig wurde beispielsweise kolportiert, auch Brigitte Bardot habe sich auf Sylt gesonnt – so, wie Gott sie erschaffen hatte, unter den wachsamen Augen ihres smarten Lebensgefährten Gunter Sachs.

Na ja. Ein einziges Mal nur sei sie auf Sylt gewesen, sagen die einen. Brigitte Bardot war nie auf Sylt, sagen die anderen. Macht aber nichts. Das ist ja das Schöne an Mythen: Sie müssen nicht stimmen, um ihren unwiderstehlichen Zauber zu entfalten.

Das ist noch heute so. Von Brigitte Bardot spricht niemand mehr, dafür rückte ein Star heutiger Tage in die Walhalla der prominenten Vielleicht-Besucher auf: Sir Elton John.

Aber war er überhaupt hier? Als gesichert darf gelten, dass auf Sylt eine große Hochzeit stattfand. Schon im Vorfeld verursachten die Gastgeber einen Riesenwirbel. Die Familie wollte ein gigantisches Zelt am Strand errichten lassen, was aus Gründen des Dünenschutzes eigentlich streng untersagt war. Dennoch gaben die Behörden grünes Licht und überreichten als Morgengabe eine Sondergenehmigung.

Die Naturschützer standen Kopf. Was nahmen sich diese Leute heraus, einen Strand zu zertrampeln, der hochgefährdet ist und sowieso schon Stückchen für Stückchen wegbricht wie ein krümelnder Kuchen?

Im letzten Moment wurde die Genehmigung wieder entzogen. Ein Sieg für den Umweltschutz, ein Desaster für die Gastgeber. Hunderte elegant gekleideter Menschen stellten sich die bange Frage, wo denn nun eigentlich gefeiert werden sollte. Die Location war weg, die Party sozusagen obdachlos. Was tun?

Fieberhaft sann die Familie der Braut auf Lösungen. Sämtliche Gäste hatte man in einem Luxushotel untergebracht. Also ließ der Brautvater tonnenweise Sand in die Tiefgarage des Hotels karren. Dort wurde dann gefeiert, in einem Betonbunker, wie er auch in Wanne-Eickel hätte stehen können. Aber spielte das überhaupt eine Rolle?

Hauptsache Sylt, Hauptsache Sand.

Seitdem hält sich das hartnäckige Gerücht, Elton John sei bei der Tiefgaragenparty aufgetreten. Allerdings versperrten wieder mal Hagebuttenhecken respektive dickwandige Betonplatten die Sicht aufs illustre Vergnügen. Die Gäste hielten dicht, der weltberühmte Sänger wurde nirgends gesichtet. So blieb nichts als der Mythos.

Belegt ist hingegen, dass Hollywoodstar Nick Nolte auf Sylt war. Vor vielen Jahren reiste er zu einer Geburtstagsfeier an. Die Party ging in einem Restaurant über die Bühne, mit vielen weiteren Promis.

Und es blieb nicht bei der einen Feier. Unternehmungslustig geworden, ließ es sich der Star nicht nehmen, auch auf eigene Faust das Nachtleben zu erkunden. So strandete er im Kampener *Pony Club*.

Er wandelte auf historischem Terrain. Schon Gunter Sachs nannte das Lokal »die Perle in der Auster«. Nolte bestellte Wodka-Sprite an der Bar. Vielleicht nicht nur einen. Als er ein menschliches Bedürfnis verspürte, verwechselte er die

Damentoilette mit dem Herrenklo und erwischte dann auch noch eine unverschlossene Kabine, in der eine junge Hamburgerin saß.

Es muss eine irre Begegnung gewesen sein. Wer trifft schon einen waschechten Hollywoodstar auf der Toilette? Überliefert ist die herrliche Reaktion der jungen Dame: »Sorry, Nick, but I'm pieseling.«

Seitdem treibt die Fantasie immer neue Blüten. Womöglich trifft man ja selbst mal eine Hollywood-Celebrity auf dem Klo. Oder wenigstens Jürgen Klopp im Supermarkt. Und hat nicht Gloria Gaynor höchstselbst bei der *Sansibar*-MS-Europa-Party ihr inbrünstiges »I will survive« geschmettert?

Mein Fazit: Die Stars kommen und gehen, die Mythen überleben. Ob ein Körnchen Wahrheit darin steckt oder nicht, ist dabei eher unwichtig.

Einmal zeigte mir ein Besitzer sein Haus, um es von mir verkaufen zu lassen. Bei der Gelegenheit machte ich ihn auf eine eingetretene Tür aufmerksam.

»Oh, die hat nicht irgendwer eingetreten«, erzählte er mit leuchtenden Augen. »Das war Harald Juhnke! Ich finde, das ist doch ein zusätzliches Verkaufsargument!«

Extrawürste auf dem Silbertablett

Urlaub mit dem Hund ist für manche Leute ein Problem. Das belegen die vielen bedauernswerten Vierbeiner, die zu Beginn der Feriensaison schnöde am Straßenrand ausgesetzt werden.

Auf Sylt kann das nicht passieren. Hier sind Herrchen und Frauchen samt schwanzwedelnden Lebensgefährten willkommen – wenn auch unter der Voraussetzung, dass stets ein kleines Beutelchen für die Exkremente mitgeführt wird.

Wie in der Mode, gibt es auch bei Hunden wechselnde Trends. Auf Sylt kann man sie aus nächster Nähe besichtigen. Dackel und Pudel sind ein absolutes No-Go in den feineren Bezirken. Stattdessen waren lange die Rassen Labrador und Labradoodle angesagt. Bei den Damen durfte es auch mal ein Chihuahua im Vuitton-Hundetäschchen sein.

In letzter Zeit machen zunehmend Weimaraner das Rennen. Mit ihrem schmalen Körperbau und ihrem grauen Fell wirken sie ja auch ausgesprochen distinguiert. Wer öfter auf Sylt ist, kennt den typischen Anblick: ein Porsche Cayenne mit geöffnetem Seitenfenster, aus dem ein Weimaraner sein edles Profil herausstreckt, um sich den Wind um die Nase wehen zu lassen.

Natürlich brauchen Hunde etwas mehr Bewegungsfreiheit, als auf einem Beifahrersitz zu haben ist. Dafür gibt es eigens ausgewiesene Hundestrände, etwa in Kampen und Wenningstedt. Hinzu kommen mehrere Freilaufwiesen fürs unbeschwerte Herumtollen.

Im eigenen Domizil muss man sich ohnehin keine Sorgen machen. Da darf nach Herzenslust gebellt und getobt werden. Für alles Übrige sorgen dienstbare Geister.

Es gibt so ziemlich alles auf Sylt: Hundesitter, Hundeausführservices, Hundeschulen, Hundephysiotherapeuten. Und High-End-Boutiquen für den gehobenen Hundebedarf.

Ohne standesgemäßes Accessoire geht es einfach nicht. Da kommt so einiges zusammen. Vergoldete Fressnäpfe. Hundehalsbänder aus Krokoleder, besetzt mit echten Brillanten. Kleinsthunde, die in Kinderwagen spazieren gefahren werden. Maßgeschneiderte Nerzmäntelchen, damit sich der geliebte Vierbeiner beim Strandspaziergang nicht verkühlt.

Auch für das leibliche Wohl sollte es etwas Besonderes sein. Natürlich.

Als eine alte Dame aus Westerland ihr Restaurant aufgeben musste, verfiel sie auf die Idee, Hundemahlzeiten jeden Tag frisch zu kochen. Ein Glas mit etwa dreihundert Gramm kostet fünfzehn Euro.

Muss ich noch erwähnen, dass das Fresschen aus Köchinnenhand reißenden Absatz findet?

Alternativ kann man zum Kampener Hundestrand pilgern. Dort gibt es Frozen Yoghurt für Hunde, wahlweise in den Geschmacksrichtungen Rind & Karotte oder Wildlachs & Karotte. Ein eiskaltes High-End-Geschmackserlebnis.

Und dann war da noch die etwas exaltierte Hundebesitzerin, die immer im Rolls-Royce bei einem Sylter Nobelrestaurant vorfuhr. Sie entstieg der Limousine mit ihrem Mops, um für selbigen das Beste von der Karte zu ordern: entweder Filetsteak oder Seezunge. Darunter ging gar nichts.

Da ich selbst einen Hund halte – Charles, einen entzückenden Corgi –, finde ich das alles sehr sympathisch. Doch selbst ich staune manchmal über den Aufwand, der für die tierischen Mitbewohner betrieben wird.

Als Makler bin ich des Öfteren mit anspruchsvollen Hundebesitzern konfrontiert. Sobald in einem Neubau eine Besichtigung mit Hund ansteht, kaufe ich deshalb eine Flasche Perrier. Warum?

Leitungswasser wird nur höchst ungern genommen, und wenn schon Mineralwasser, dann bitte keine schlappe Eigenmarke vom Discounter.

Doch es geht immer noch etwas mehr. Eine Kundin besichtigte neulich eine Doppelhaushälfte, Kostenpunkt fünf Millionen. Die Lage gefiel ihr, der Baustil, die Begrünung des Grundstücks. Nur eines bereitete ihr Kopfschmerzen: Die Zimmer reichten nicht aus.

Nanu? Sie war alleinstehend, wie sie mir erklärt hatte, deshalb wunderte ich mich ein bisschen.

»Also, Sie bekommen hier vier Zimmer«, rechnete ich ihr vor. »Als da wären Wohnzimmer, Esszimmer, Schlafzimmer und Gästezimmer.«

»Ja, aber da fehlt doch noch ein Raum für meine kleine Elizabeth«, entgegnete sie mit bebender Stimme.

»Ach, ich wusste gar nicht, dass Sie eine Tochter haben.«

»Eine Tochter?« Sie zog eine Augenbraue hoch. »Nein, Elizabeth ist meine englische Bulldogge. Reinrassig, und selbstverständlich von einem namhaften britischen Züchter.«

Sogleich holte sie das Handy heraus und zeigte mir eine ganze Fotodatei, in der ihre Hundedame in allen möglichen

Settings und Beleuchtungen zu sehen war. Auf vielen Fotos mit Krönchen.

»Und wenn Sie Elizabeth im Gästezimmer schlafen lassen?«, schlug ich vor. »Das steht doch wahrscheinlich oft leer.«

Dafür hatte die Kundin nur ein entrüstetes Kopfschütteln übrig. »Wo denken Sie hin?«

Nun zeigte sie mir weitere Handyfotos, diesmal von ihrer Wohnung daheim. Wow. Ich riss die Augen auf.

Die Fotos zeigten einen weitläufigen Raum, der aussah wie ein Queen-Elizabeth-Gedächtnis-Archiv. An den Wänden prangten riesige Gemälde der Monarchin, das Mobiliar bestand aus vergoldeten, mit gelbem Chintz bezogenen Sesseln und kostbaren Beistelltischchen im selben Stil.

Das Hundekörbchen konnte man ebenfalls nur royal nennen. Es bestand aus einem Weidenkorb, in dem flaschengrüne Samtkissen mit goldenen Troddeln und eingesticktem Windsor-Wappen lagen.

»Okay.« Ich schluckte. »Jetzt verstehe ich in etwa, worum es geht.«

Die Kundin sah sich nachdenklich um. »Dies ist doch eine Doppelhaushälfte, Herr Weißmann, richtig?«

»Stimmt.«

»Dann habe ich eine wundervolle Idee«, strahlte sie plötzlich. »Was halten Sie davon, wenn wir einen Durchbruch zur anderen Hälfte machen und auf diese Weise ein zusätzliches Zimmer für Elizabeth gewinnen?«

Es kostete mich einige Überredungskünste, sie davon abzuhalten, auf der Stelle beim Nachbarn zu klingeln. Sie war tatsächlich entschlossen, ihm ein Zimmer abzuluchsen.

Wer selbst Hunde liebt, kann nachvollziehen, was da eigentlich abgeht. Für viele Leute ist ein Vierbeiner im Grunde nur ein als Tier verkleideter Mensch. Sie sprechen mit ihrem Hund, sie schlafen gemeinsam in einem Bett, und wenn der Hund jemanden nicht mag, sind nähere Bekanntschaften kategorisch ausgeschlossen.

Krass fand ich allerdings ein Erlebnis mit einem Hundebesitzer, das ich wohl so schnell nicht vergessen werde.

Der Mann wirkte äußerst kultiviert. Auch die Wohnung, die ich für ihn verkaufen sollte, zeugte von erlesenem Geschmack. Selten hatte ich so schöne Designermöbel gesehen, das meiste Art déco.

Sein Hund Wladimir, ein cremefarbener Samojede, für den man beim Züchter bis zu elftausend Euro ausgeben muss, passte ebenfalls ins Setting.

Wir nahmen im Wohnzimmer Platz. Der Hausherr samt Hund auf einem zartvioletten Rietveld-Sofa, ich in einem originalen Josef-Hoffmann-Sessel. Auf dem gläsernen Couchtisch standen eine Flasche Sherry und kostbare geschliffene Gläser, daneben eine Schale mit Keksen.

Während wir über die Wohnung sprachen, schenkte der Hausherr Sherry in die Gläser. Dann begann er, seinen Hund mit den Keksen zu füttern, und langte auch selbst kräftig zu.

Ich war ein wenig konsterniert. Als Hundefan weiß ich ja, wie wichtig artgerechte Ernährung ist.

Offensichtlich war dem Hausherrn mein entgeisterter Blick entgangen. Unverwüstlich lächelnd nahm er einen weiteren Keks, steckte ihn sich in den Mund und hielt mir genüsslich kauend die Schale hin.

»Bitte, greifen Sie zu, Herr Weißmann.«

»Nein danke«, sagte ich höflich.

»Dann verpassen Sie aber was«, erwiderte er spitzbübisch. »So etwas Delikates haben Sie bestimmt noch nicht gegessen. Probieren Sie mal, Herr Weißmann. Das sind Hundekekse mit Leberwurstgeschmack.«

Äh – what?

»Köstlich, einfach köstlich«, schwärmte er weiter. »Wladimir und ich lieben diese Kekse! Die knabbern wir auch immer, wenn wir abends zusammen fernsehen!«

Heimspiel mit Auswärtssieg

Eine Freundin sagte mal: Beziehungen sind nichts für schwache Nerven. Wo sie recht hat, hat sie recht. Starke Nerven braucht man aber auch, wenn man unfreiwillig Zeuge von Ehen wird, die etwas anders laufen, als man sich das so vorstellt.

Zugegeben: Gerade heute sind Paarbeziehungen in etwa so einfach wie die Bedienungsanleitung eines Kernkraftwerks. Der Lebensstil ist schnelllebiger geworden, und die Versuchungen wachsen mit den digitalen Möglichkeiten. Ein Date – auch ein heimliches – ist immer nur einen Klick entfernt. Welche Komplikationen dabei entstehen können, erlebe ich manchmal aus nächster Nähe mit.

Vor einiger Zeit bat mich ein Ehepaar um den Verkauf des gemeinsamen Hauses. So wie die beiden auftraten, ahnte ich den Grund: Die Atmosphäre war eisig, sie vermieden jeden Blickkontakt zueinander, die Körpersprache harmonierte überhaupt nicht.

Da lag Scheidung in der Luft.

Meine Ahnung bestätigte sich binnen Sekunden. Man habe sich auseinandergelebt, hieß es, nun bereite man alles für die Trennung vor.

»Haben Sie denn bereits einen Verkaufstermin ins Auge gefasst?«, erkundigte ich mich.

»Also, wir möchten, dass Sie erst mal nur den Wert des Hauses einschätzen«, sagte der Ehemann, ein leicht untersetzter Endvierziger in Bügelfaltenjeans und steingrauer Steppjacke.

Seine Frau, die im selben Alter war und auch optisch zu ihm passte, nickte. »Bevor wir verkaufen, wollen wir unserer Ehe noch eine letzte Chance geben. Ist das ein Problem für Sie?«

Ich zögerte. Für einen Makler sind Unentschlossene naturgemäß nicht gerade Traumkunden. Andererseits habe ich ein weiches Herz. Und immerhin tricksten die beiden nicht, sondern legten die Karten offen auf den Tisch.

»Einverstanden«, stimmte ich dem etwas wackeligen Auftrag zu. »Dann komme ich demnächst vorbei und schaue mir die Immobilie an.«

Zwei Tage später stand ich in einem Lister Klinkerreihenhaus aus den Dreißigerjahren. Es war eher schlicht, aber gemütlich eingerichtet. Was sofort ins Auge fiel, waren die vielen Erinnerungsfotos der beiden Besitzer. Silbern gerahmt hingen sie an den Wänden, standen auf Kommoden und Beistelltischchen. Kein Zweifel, dieses Paar hatte eine große gemeinsame Vergangenheit. Ob es auch eine Zukunft hatte, stand in den Sternen.

Es war die Frau, die mir alles zeigte. Irgendwie mochte ich sie, weil sie sehr dezent und freundlich auftrat. Als wir nach der Besichtigung vor dem Haus standen, verwickelte sie mich in ein Gespräch über Beziehungen im Allgemeinen und Besonderen. Ehrlich gesagt hatte ich nicht viel beizutragen. Jede Ehe ist anders, und ich würde mich hüten, irgendwelche Tipps zu geben, die dann eventuell in eine ganz falsche Richtung laufen.

Nach einer Weile legte die Frau eine Hand auf meinen Jackenärmel. »Darf ich Sie etwas Persönliches fragen, Herr Weißmann?«

Fragen ja, dachte ich, aber ob ich antworte, muss ich mir dann erst noch überlegen.

»Es ist nämlich so, dass mein Mann und ich fremdgehen wollen«, platzte es aus ihr heraus.

Leicht perplex trat ich einen Schritt zurück. Sollte ich ihr etwa Swingerclubs empfehlen? Für so was fühlte ich mich nun wirklich nicht zuständig.

»Wir sind seit fünfzehn Jahren verheiratet«, seufzte sie. »Da kennt man jede Falte, jeden Leberfleck des Partners. Im Bett geht bei uns gar nichts mehr. Deshalb dachten wir, dass Fremdgehen eine gute Idee wäre.«

Mir wurde immer unbehaglicher zumute.

»Keine Sorge, mit Ihnen will ich nicht in die Kiste springen«, lachte sie, als sie meine bedripste Miene sah. »Wir machen es zeitgemäß, mit Blind Dates aus dem Internet. Was halten Sie davon?«

Mir verschlug es die Sprache. Das hatte ich diesen eher bieder wirkenden Leuten nun echt nicht zugetraut. »Dann viel Erfolg«, sagte ich nur und verdrückte mich schleunigst, bevor mir noch weitere Details aufgedrängt wurden.

In den folgenden Wochen hörte ich nichts mehr von dem Ehepaar. Anrufen mochte ich aber auch nicht. An noch mehr intimen Offenbarungen war ich nicht interessiert, deshalb hakte ich die Sache innerlich ab.

Etwa einen Monat später sah ich die beiden am Strand zwischen List und Wennigstedt. Hand in Hand wanderten sie am Dünensaum entlang.

Als sie mich entdeckten, winkte mir die Frau lebhaft zu. Dann ließ sie ihren Mann einfach stehen und kam durch den Sand zu mir gelaufen.

»Herr Weißmann«, keuchte sie außer Atem, »ich muss Ihnen unbedingt was erzählen.«

Mein Informationsbedarf hielt sich in Grenzen, trotzdem nickte ich.

»Es ist so«, sagte sie, »wir haben unseren Plan ausgeführt.«

»Die Blind Dates.«

»Genau.« Versonnen schmunzelte sie in sich hinein. »Wir haben beide auf Dating-Apps gesucht, und nachdem jeder was Passendes gefunden hatte, schritten wir zur Tat, ganz klassisch an einem Samstagabend.«

Klassisch geht irgendwie anders, fand ich. »Und dann?«, fragte ich höflich.

»Was soll ich sagen, es war wie in einer romantischen Komödie.«

»Wieso, waren Ihre Dates so lustig?«

»Nein, Herr Weißmann, es war magisch!«, rief die Frau aus. »Ich hatte mich mit meinem Blind Date in einer kleinen Kneipe in Westerland verabredet, das Erkennungszeichen war ein rotes Basecap.«

Sie hielt kurz inne, ganz überwältigt von dem, was ihr widerfahren war.

»Okay, rotes Basecap«, spann ich den abgerissenen Gesprächsfaden weiter. »Und dann?«

»Mein Date saß am Tresen. Ich ging hin, tippte dem Typen auf die Schulter, er drehte sich um – und Sie werden es nicht glauben: Es war mein Mann!«

»Ach, du große Güte.«

Sie senkte den Blick, mit ihren Gummistiefeln wühlte sie im Sand herum.

»Wir waren wie vor den Kopf geschlagen. Erst mal, weil wir natürlich jemand anderen erwartet hatten. Aber dann auch, weil unsere Profile so gut zueinander passten. Die App hatte uns zueinandergeführt. Ist das nicht verrückt?«

Ja, das war wirklich verrückt. Wer hätte gedacht, dass Algorithmen so zuverlässig funktionieren?

»Wir haben dann einen Wein bestellt und geredet, den ganzen Abend lang«, erzählte sie weiter. »So intensiv hatten wir uns in den letzten Jahren nie unterhalten. Irgendwann fingen wir an zu lachen. Und plötzlich küssten wir uns. Leidenschaftlich.«

Inzwischen war auch ihr Mann zu uns getreten. Mit funkelnden Augen legte er einen Arm um seine Frau. »Hat sie es Ihnen erzählt? Ist das nicht irre?«

»Wir sind so glücklich, ich habe meinen Mann noch einmal ganz neu kennengelernt«, schwärmte seine Frau.

»Nur mit dem Hausverkauf wird das wohl nichts«, fügte er entschuldigend hinzu. »Dafür laden wir Sie auf ein Glas Sekt ein, abgemacht? Wir sind nämlich überzeugt, dass Sie unser Glücksengel waren.«

Unverzichtbares

Jeder hat seine eigenen Vorstellungen davon, was im Urlaub auf Sylt unverzichtbar ist. In dieser Hinsicht halte ich es mit dem Alten Fritz: Jeder soll nach seiner Façon selig werden.

Für eine meiner Kundinnen hat das Reiten höchste Priorität. Dafür müssen es aber die eigenen Pferde sein. Die werden dreimal im Jahr durch eine Spezialfirma nach Sylt transportiert. Kostenpunkt: zweitausend Euro pro Pferd.

Eine andere Kundin kann nicht auf ihren Schmuck verzichten. Den bringt sie immer mit nach Sylt und hat sich dafür extra einen Tresor in die Sauna einbauen lassen.

Der Tresor ist allerdings meistens so gut wie leer, denn die Dame trägt ihr Geschmeide immer und überall: beim Müllrausbringen, im Supermarkt, sogar am FKK-Strand. Vermutlich auch nachts.

»Ohne meine kleinen funkelnden Freunde fühle ich mich einfach nackt«, lautet ihre stehende Rede.

Eines Tages erschien sie mit klatschnassem Haar und völlig aufgelöst in meinem Büro. Soeben hatte sie einen Friseursalon aufgesucht, um sich die windzerzauste Frisur richten zu lassen.

Beim Haarewaschen passierte dann das Missgeschick: Der Verschluss ihrer Halskette löste sich.

»Es ist eine Katastrophe!«, rief sie. »Soeben sind Brillanten im Wert von vierunddreißigtausend Euro in den Ausguss gerutscht!«

Vierunddreißigtausend Euro? Mir wurde ein bisschen schwindelig bei der Summe.

»Bitte, Sie müssen mir helfen, Herr Weißmann!«

Da kam leider jede Hilfe zu spät.

In einem anderen Fall konnte ich wenigstens last minute einen dringend benötigten Friseurtermin besorgen. Die betreffende Kundin hatte sich in den Kopf gesetzt, eine volle lange Mähne mit auf die Insel zu bringen. Nicht ihre eigene. Sie wollte sich Extensions ins Haar kleben lassen, damit ihr äußeres Erscheinungsbild zu Sylt passte – so jedenfalls ihre Begründung.

Als sie in mein Büro kam, trug sie eine dicke Wollmütze. Sie sah sehr verzweifelt aus. Dann berichtete sie mir von ihrem Malheur.

Wenige Wochen zuvor hatte sie eine Eigentumswohnung in Westerland gekauft, eine gut geschnittene Maisonettewohnung in einer ruhigen Straße. Nun wollte sie eine große Einweihungsparty geben. Also versuchte sie, vor ihrer Reise nach Sylt bei ihrem Stammfriseur daheim einen Termin zu buchen. Vergebens. Das Anbringen von Extensions dauert Stunden, und es war aussichtslos, kurzfristig einen so aufwendigen Termin zu bekommen.

Weil sie ihre Party aber nicht ohne neue Haarpracht feiern wollte, suchte sie sich einen Friseur aus dem Internet. Der kam mit seinen Utensilien zu ihr nach Hause.

»Ich hätte es wissen müssen«, erzählte sie geknickt. »So ein Friseur aus dem Internet kann ja nichts Gescheites sein. Aber er schwor Stein und Bein, das Haar stamme von indischen Tempeltänzerinnen und sei von bester Qualität.«

Fünf Stunden dauerte die Prozedur. Danach hatte sie langes, wallendes Haar, das ihr bis weit über die Schulterblätter fiel. Syltkompatibel. Genauso hatte sie sich das vorgestellt.

Doch die Freude währte nicht lange. Als sie am nächsten Morgen ihr frisch gewaschenes Haar föhnte, verwandelte sich die seidige Mähne in struppige Strähnen.

Jetzt war Holland in Not. Ihre Abreise stand unmittelbar bevor, und was als Verschönerungsaktion gedacht war, hatte sich als schlimme Verunstaltung entpuppt.

Sie vertraute sich einer Freundin an, die sogleich den Namen des Friseurs googelte. Was sie herausfand, war nicht gerade appetitlich. Im Netz wurde kolportiert, der selbst ernannte Haarkünstler verwende nicht etwa indische Ware, sondern das Haar von Gefangenen aus russischen Gefängnissen.

Ob wahr oder Fake, diese Information entsetzte meine Kundin zutiefst. Sie griff zur Schere.

Danach sah alles noch schlimmer aus, denn die Klebestreifen, mit denen die Extensions befestigt waren, ließen sich nicht ohne Weiteres entfernen. Da half vorerst nur eins: eine Mütze.

Es war ein Samstag, als sie mich um Hilfe bat. Ein Tag, an dem die Sylter Friseure alle Hände voll zu tun haben.

Sofort rief ich eine Bekannte an, die auch mal einen Friseur-Homeservice anbietet. Mit Engelszungen beschwor ich sie, doch bitte einen Termin freizuschaufeln.

Die Sache glückte.

Meine Kundin feierte ihre Party mit einer flotten Kurzhaarfrisur, die ihr ausgezeichnet stand. Von Extensions ließ sie fortan die Finger.

Wesentlich aparter war das Mitbringsel einer Kundin, der ich ein Haus in Morsum vermittelte.

Als ich sie kennenlernte, klagte sie mir ihr Leid: Es klappe einfach nicht mit den Männern. Sie sei erst Anfang vierzig und fürchte, als ewiger Single zu enden. Ob ich nicht einen netten Mann für sie wüsste? Beim ersten Date dürfte ich auch gern dabei sein.

Nun, ich fühlte mich weder als Partnerschaftsvermittler geeignet, noch wollte ich solch einem Treffen beiwohnen. Das setzte ich ihr auch aufs Höflichste auseinander und riet ihr, es vielleicht mal mit einer Dating-App zu versuchen.

Ein halbes Jahr später traf ich sie in einem Restaurant. Sie war nicht allein. In ihrer Begleitung befand sich ein attraktiver junger Mann. Die beiden hatten einen eigentümlich vergeistigten Gesichtsausdruck und gingen sehr vertraut miteinander um, was ich als gutes Zeichen wertete.

Nachdem wir uns begrüßt hatten, bat die Dame ihren Begleiter, sich schon mal zu setzen, weil sie ein paar ungestörte Worte mit mir wechseln wollte.

Zunächst beglückwünschte ich sie zum Ende ihrer Pechsträhne. »Wie schön, ich freue mich für Sie.«

»Ach, Herr Weißmann«, winkte sie ab. »Der Tipp mit den Dating-Apps hat leider gar nicht funktioniert.«

»Nicht? Ich dachte …«

»Ich weiß, was Sie denken.« Sie schaute zu dem Tisch, an dem sich der junge Mann in die Speisekarte vertiefte. »Aber der Typ ist nicht mein Lover.«

Was dann? Sie erklärte es mir.

»Ich fühlte mich so einsam, da empfahl mir eine Freundin, ich sollte doch mal eine Massage bei einem Tantrameister ausprobieren. Das sei sehr entspannend und, na ja, befriedigend.«

»Aha.«

»So lernte ich Atman kennen. Er ist begnadet. Ich bin richtig süchtig nach seinen sensiblen Händen.«

»Wohnt er denn hier auf Sylt?«

»Nein, in meiner Heimatstadt.« Ihr Blick wurde weich. »Doch weil ich auf seine Dienste nicht verzichten kann, habe ich ihn für vierzehn Tage gebucht und einfach mitgebracht.«

Ich war geplättet.

Dass Leute ihre Nanny mitbringen oder eine Köchin, wusste ich bereits. Den eigenen Tantrameister mitzunehmen gehört wohl in die Oberliga der Annehmlichkeiten.

Pech mit Hightech

Der Teufel steckt im Detail, sagt man. Manchmal sind besonders viele Teufelchen unterwegs – gerade dann, wenn man glaubt, alles im Griff zu haben.

Neulich zeigte mir ein Kunde sein umgebautes Haus. Der Clou befand sich im Wohnzimmer: ein versenkbarer Esstisch aus reinem Kupfer. Bei Bedarf konnte er hochgefahren werden und bot Platz für zwanzig Personen.

Ein Hammerteil. Schwer wie ein Bagger, teuer wie ein Kunstwerk von Meisterhand, und auch die aufwendige hydraulische Technik hatte sicher kräftig zu Buche geschlagen. Über die Kosten schwieg sich der Kunde aus. Nach meiner vorsichtigen Schätzung hatte er für den Spaß rund hunderttausend Euro ausgegeben.

Bald darauf lernte er seine zukünftige Frau kennen. Aus einer zufälligen Begegnung am Austernstand im Lister Hafen wurde rasch mehr. Man kam sich näher.

So nah, dass er die Dame zu sich nach Hause einlud.

Kaum hatte der Hausherr für Wein und romantisches Kerzenlicht gesorgt, als die beiden auch schon von ihrer Leidenschaft übermannt wurden. Sie hatten es so eilig, dass die erste Liebesnacht direkt auf der Couch stattfand.

Danach schliefen sie eng umschlungen ein.

Irgendwann in der Nacht wachte der Mann auf. Die Kerzen waren längst niedergebrannt, es herrschte völliges Dunkel im Wohnzimmer. Vorsichtig löste er sich aus der Umarmung seiner neuen Freundin, um kurz die Toilette aufzusuchen.

Eine Sekunde später erwachte die Frau von einem markerschütternden Schrei.

Alarmiert schoss sie vom Sofa hoch, suchte nach einem Lichtschalter und knipste die Deckenbeleuchtung an. Dann entdeckte sie die Bescherung.

Mitten im Raum stand auf einmal ein großer Tisch. Ein Tisch, der vorher nicht dort gestanden hatte. Davor lag ihr Freund wie ein gefällter Baum und presste die Hände auf seinen schmerzenden Unterleib.

»Verdammtes Mistding«, fluchte er leise in sich hinein.

»Wie bitte? Meinst du etwa mich?«

Nein, die Fernbedienung des Wundertisches war schuld. Das Hightechteil war klein und handlich, kaum größer als eine flache Zigarettenschachtel. Und es hatte zufällig auf der Couch herumgelegen, als es erotisch zur Sache ging.

Im Eifer des Gefechts hatte der Hausherr die Fernbedienung bedient. Unbemerkt. Ob mit einem Arm, einem Bein oder einem anderen Körperteil, das ließ sich später nicht mehr rekonstruieren. Genauso wenig bemerkte der Mann, dass der Tisch hochgefahren wurde.

Er muss mit voller Wucht vor die Tischplatte gerannt sein. Hightech birgt halt gewisse Tücken.

Ein anderer Kunde kam nur selten nach Sylt, obwohl er dort mit seiner Frau ein sehr schönes Haus besaß. Beruflich war er sehr eingespannt und viel unterwegs, deshalb sollte das Haus vermutlich eine Art Trostpflaster für seine Frau sein.

Aus diesem Grund ließ er ihr auch völlig freie Hand bei der Einrichtung. Obendrein ermunterte er sie, nur das Beste vom Besten zu nehmen, alles, was für Geld zu haben war.

Das ließ sie sich nicht zweimal sagen.

Als sie mir ihre Errungenschaften ein halbes Jahr später vorführte, konnte ich mich persönlich von ihrem teuren

Geschmack überzeugen. Alles war vom Feinsten – die Designermöbel, die abstrakten Gemälde und die Hightechküche, die mit allen Schikanen ausgerüstet war.

Es verging einige Zeit, da erschien eines Mittags ihr Mann in meinem Büro. »Herr Weißmann, entschuldigen Sie die Störung, könnten Sie mir vielleicht den Hausschlüssel geben? Meine Frau sagte, sie hätte ihn hier bei Ihnen deponiert.«

In der Tat hatte sie mir einen Zweitschlüssel dagelassen für den Fall, dass in ihrer Abwesenheit mal Handwerker ins Haus mussten.

»Haben Sie denn keinen eigenen Schlüssel?«, erkundigte ich mich.

»Nein, ich bin doch nie da.«

»Verstehe.«

»Ich will meine Frau überraschen«, erzählte er mir nun. »Sie reist heute Abend an, vorher koche ich was Schönes für uns. Glauben Sie mir, meine Frau wird Augen machen, wenn ich sie mit einem Vier-Gänge-Menü überrasche!«

Das fand ich sehr, sehr süß. Sieh mal an, dachte ich, offensichtlich hat er selbst gemerkt, dass sich seine Frau etwas vernachlässigt fühlt. Gern gab ich ihm den Schlüssel und wünschte ihm einen gelungenen Abend zu zweit.

Zumindest das Menü würde ein voller Erfolg werden, so viel stand fest. Zum Abschied hatte mir der Ehemann noch die Speisenfolge aufgezählt: Sylter Austern mit Orangenvinaigrette, Scholle mit Speckwürfeln, geschmortes Heidelamm mit Ratatouille und zum Nachtisch ein selbst gemachtes Rote-Grütze-Sorbet.

Liebe geht halt durch den Magen.

Drei Stunden hat er gekocht und gebrutzelt, gerührt und püriert. Da erwies es sich als sehr praktisch, dass direkt in die Herdplatte ein kleiner Müllschlucker eingebaut war, der die Schnippelabfälle sogar selbsttätig einsog.

Hightech eben. Da wird das Leben gleich viel leichter.

Am nächsten Morgen fühlte sich die kulinarisch beglückte Ehefrau dann im Gegenzug für das Frühstück zuständig. Bevor sie ein paar Spiegeleier in die Pfanne schlug, stellte sie den Dunstabzug an.

Nach dem Frühstück folgte ein ausgedehnter Spaziergang. Danach eine frühe Siesta, schließlich ein Film, den die beiden im Bett anschauten.

Ein perfektes Wochenende?

Nicht ganz. Irgendwann am Nachmittag bemerkte die Ehefrau Brandgeruch. Aufgeregt weckte sie ihren selig eingedösten Mann, dann rannten sie zu zweit ins Erdgeschoss und blieben wie angewurzelt stehen.

Dicker stinkender Rauch quoll aus der Küche. Nachdem sie alle Fenster aufgerissen hatten, drangen sie todesmutig zur Brandquelle vor.

Der Rauch kam aus dem Herd. Aus dem kleinen Müllschlucker. Der aber gar kein Müllschlucker war.

Die Ehefrau hatte sich für eine ausgefeilte Küchentechnik entschieden, mit Hightech wie im Flugzeugcockpit. Und da Dunstabzugshauben nun mal selten ein schöner Anblick sind, hatte sie sich von einem Herd mit einer wesentlich eleganteren Lösung begeistern lassen: Der Dunstabzug war ins Kochfeld integriert.

Ihr Mann hatte keinen blassen Schimmer, dass es eine derart ausgefuchste Technologie überhaupt gab. Wie auch, er war ja weder in die Küchenplanung involviert gewesen, noch hatte er sich bisher mehr als ein, zwei Mal in dem Haus blicken lassen.

Also hielt er das Loch mit dem praktischen Saugeffekt für eine Abfallentsorgungskonstruktion. Alles war darin gelandet, was beim Kochen eben so übrig bleibt: Gemüseabfälle, Obstreste, Lammknochen, Einwickelpapier.

Das wäre vielleicht noch nicht so schlimm gewesen, wenn die Dame des Hauses nicht vergessen hätte, nach dem Frühstück den Hightechdunstabzug wieder auszuschalten. Er lief ja auch so gut wie geräuschlos.

Während das ahnungslose Paar seinen gemeinsamen Tag genoss, nahm das Unglück seinen Lauf. Mangels Luftzufuhr heizte sich das verstopfte Saugrohr immer weiter auf, bis es zu glühen begann. Irgendwann fingen auch die Abfälle darin an zu schmoren. Glücklicherweise war das Ehepaar zu diesem Zeitpunkt zu Hause und konnte gerade noch rechtzeitig einschreiten, bevor die ganze Küche abfackelte.

Den extrem teuren Herd konnten sie allerdings nicht mehr retten.

Geiz ist geil

Wer denkt, Geld sei eine rationale Sache, irrt sich gewaltig. So ticken Menschen nun mal nicht.

Ganz gleich, ob arm oder reich, nicht alles ist vernünftig, was man sich so leistet – oder eben nicht leistet.

Gerade auf Sylt erlebt man die seltsamsten Widersprüche. Für manche Leute ist es ein Sport, Sonderangebote im Joghurtregal zu ergattern, obwohl sie gerade Millionen für ein Haus hingeblättert haben. Andere haben Millionen auf dem Konto, versuchen aber, den Fensterputzer runterzuhandeln.

Merke: Die Diskrepanz zwischen Haben und Sparen kann extreme Formen annehmen.

Eine gewisse Society-Lady trieb es mit der Kostensenkung deutlich zu weit. Sie ließ ihre noble Kampener Reetdachvilla aufwendig renovieren, jedoch – die Rechnungen der Handwerker blieben unbezahlt. Eine Mahnung nach der anderen flatterte ihr ins Haus. Die Dame ignorierte sie.

Eines Morgens wollte sie in ihren Bentley steigen, um einige Besorgungen zu machen. Doch daraus wurde nichts. Während sie im frisch renovierten Haus schlief, hatte ihr ein wütender Handwerker die Reifen vom Wagen abmontiert.

Da wirkt es schon fast harmlos, was einem knauserigen Herrn einfiel, der in den Achtzigerjahren eine Ferienwohnung in Westerland vermietete. Die Lage der Wohnung war ideal, über Gästemangel konnte sich der Vermieter wahrlich nicht beschweren. Auch die Urlauber waren zufrieden.

Bis auf eine Sache: In der Badewanne fehlte der Stöpsel.

»Wasser ist teuer«, bekamen sie auf Nachfrage zu hören. »Wenn Sie unbedingt baden wollen, können Sie sich den Stöpsel für eine Gebühr von zehn Mark bei mir abholen.«

Die größten Probleme entstehen nicht durch Gier, sondern durch Geiz, habe ich mal irgendwo gelesen. Diese Weisheit fiel mir wieder ein, als ich vor einigen Jahren zur Einweihung eines Hauses eingeladen war, das ich einem sehr wohlhabenden Mittelständler aus dem Schwäbischen verkauft hatte. Mit seiner Firma gehörte er zu den sogenannten Hidden Champions, den Weltmarktführern aus der Provinz.

Obwohl der Kunde äußerst vermögend war, drehte er jeden Cent zweimal um. Das hatte ich bereits bei den Kaufverhandlungen feststellen müssen.

An sich gefällt mir diese Einstellung. Jedenfalls ist mir das wesentlich lieber, als wenn jemand quasi mit Geldbündeln um sich schmeißt. Aber auch bei der Party war der Kunde nahezu versessen darauf, möglichst wenig Geld auszugeben. Das machte die Vorbereitung etwas schwierig. Er zog mich zwar für die Organisation zurate, doch meine Tipps erschienen ihm allesamt viel zu teuer.

Kein Cateringservice, den ich ihm empfahl, war ihm günstig genug. Am Ende musste seine Frau Schnittchen machen. Meine Empfehlung, kompetente Kellner für den Abend zu engagieren, schlug er ebenfalls in den Wind. Stattdessen suchte er in den Kleinanzeigen nach Studenten.

Da es eine Tanzparty werden sollte, hatte ich ihm auch einen DJ empfohlen. »Ach, Herr Weißmann«, sagte er leicht herablassend, »so was kann man doch heutzutage alles selbst hinkriegen. Ich stelle einfach eine Playlist auf meinem iPad zusammen, dann ist die Party geritzt.«

Man durfte gespannt sein.

Der große Abend brach an. Mehr als hundert Gäste fanden sich in dem Haus ein, zumeist Geschäftskunden, dazu einige Freunde und Verwandte. Nach einer kleinen Begrüßungsrede stellte der Hausherr sogleich laute Musik an.

»So, und jetzt rein ins Vergnügen!«, rief er und deutete auf einen riesigen Flatscreen. Darauf lief ein Programm, das die Töne in Formen und Farben umwandelte. »Disco, Leute! Paaarty!«

Dieser abrupte Musikstart – ohne die Chance, vorher Gespräche zu führen – war ungewöhnlich. Hoffte er, dass die Gäste weniger aßen und tranken, wenn sie tanzten? Oder war ihm bewusst geworden, dass die paar Schnittchenplatten nie im Leben für hundert Gäste reichen würden?

Die Gäste schauten einander irritiert an. Doch bei der laut lärmenden Musik blieb ihnen nichts anderes übrig, als zu tanzen.

Der Hausherr amüsierte sich prächtig. Er vollführte kunstvolle Verrenkungen im John-Travolta-Stil, zwischendurch sprach er den alkoholischen Getränken zu. Je weiter der Abend voranschritt, desto waghalsiger tanzte er. Und desto heftiger betrank er sich. Langsam machte ich mir etwas Sorgen.

Plötzlich setzte die Musik aus, der Screen wurde schwarz.

»Kein Problem«, verkündete er mit hochrotem Kopf, »ich checke mal mein iPad. Ist bestimmt nur das WLAN, das spinnt ein bisschen. Gleich geht's weiter!«

Danach verschwand er in seinem Arbeitszimmer. Wenige Sekunden später lief wieder Musik, und der Screen war wieder aktiviert.

Mir blieb der Mund offen stehen. Die Hausherrin stieß einen spitzen Schrei aus. Trotz der lauten Musik hörte ich, wie ein Raunen durch den Raum ging.

Offenbar hatte der Mann versehentlich eine Fotodatei angewählt, um die Musik optisch zu untermalen. Aber was für Fotos! Eine exotische Schönheit nach der anderen erschien auf dem Screen.

Die meisten Damen waren unbekleidet.

Als der Hausherr wieder hereintaumelte, empfing ihn eisiges Schweigen. An den polarkalten Blicken hätte ein Sonnenstrahl abbrechen können. Es war einfach furchtbar. Furchtbar peinlich.

Nur in die Dame des Hauses kam Leben, als sie ihren Gatten erblickte. »Du mieser Kerl!«, schrie sie außer sich. »Jetzt weiß ich, warum du immer ohne mich auf Geschäftsreise nach Thailand fliegen willst!«

Hätte der gute Mann doch bloß auf mich gehört. Mit einem professionellen DJ wäre ihm das ganz bestimmt nicht passiert.

Immerhin – seither hat die Zeile »Geiz ist geil« eine ganz neue Dimension für mich.

Just married

Hochzeiten sind ein ganz, ganz großes Ding auf Sylt. Wie könnte es anders sein? Hier kann man den schönsten Tag im Leben sehr individuell gestalten, sodass er wirklich unvergesslich wird.

Die Verbindung von Sylt und Heiraten hat eine lange Tradition. Bereits 1903 wurde hier ein »Internationales Heiratsbureau« eingerichtet. Im Grunde bestand es nur aus einem Tisch und zwei Stühlen unter einem hölzernen Gerüst, das ein findiger Herr am Hauptstrand von Westerland errichtete.

Dort konnte man seine Heiratswünsche in zwei Briefkästen einwerfen, säuberlich nach Männlein und Weiblein sortiert.

Wie hoch die Erfolgsquote war, ist unbekannt. Aber dass die hier gestifteten Ehen nicht auf Sand gebaut sind, zeigt der Run auf die Hochzeitslocation Sylt.

Schwindelfreie Paare geben sich das Ja-Wort auf dem Hörnumer Leuchtturm. Da gibt's den grandiosen Panoramablick auf Strand und Meer gleich dazu. Wer es noch maritimer möchte, segelt auf dem Kutter Gret Palucca in den Hafen der Ehe.

Oder man entscheidet sich für eine klassische Strandhochzeit. Dann braucht man allerdings einen guten Draht zum Wettergott.

Auch der Modedesigner Guido Maria Kretschmer und sein Lebensgefährte Frank Mutters wählten das Sylter Inselambiente als Hochzeitskulisse. »Wir lieben die See, deshalb war auch klar, dass wir am Wasser heiraten wollen«, sagten sie einer großen Zeitung.

Die beiden hatten das perfekte Setting. Die Trauung fand in der altehrwürdigen Seefahrerkirche St. Severin statt, gefeiert wurde bei strahlendem Sonnenschein in der *Sansibar*. Unter den illustren Gästen befanden sich Stars wie Sylvie Meis, Frauke Ludowig, Bettina Böttinger, Lena Gercke und die heutige Kulturstaatsministerin Claudia Roth.

Natürlich ging es äußerst stilvoll zu. Aber nicht alle, die bei den Pastorinnen und Pastoren von St. Severin wegen einer Trauung vorstellig werden, haben Sinn für die Würde des Ortes. Unlängst wurde sie von einem Paar kontaktiert, das sich einen besonderen Clou für die Hochzeitszeremonie ausgedacht hatte: Ein dressierter Seehund sollte die Ringe in einem Körbchen zum Altar bringen.

Abgelehnt!

Doch nicht nur Promis wollen auf Sylt den Bund fürs Leben schließen. Auch ganz normale – okay, relativ normale – Leute träumen von einer Heirat an Deutschlands nördlichstem Punkt. Und es werden immer mehr.

Die Sylter Kirchen sind mittlerweile auf Jahre ausgebucht, desgleichen die feiertauglichen Lokale. Ich hatte eine Kundin, die mit ihrer Hochzeit volle drei Jahre wartete, weil vorher kein Termin in der begehrten Kampener *Sturmhaube* frei war.

Der Hochzeitshype führte dazu, dass auch immer mehr Weddingplaner auf die Insel kommen. Schließlich muss eine Menge bedacht und organisiert werden. Wie generalstabsmäßig das abläuft, erlebte ich einmal auf drastische Weise mit.

Kaum war meine gute Freundin Maja mit ihrem Lebensgefährten zusammengezogen, rief mich kurz darauf eine

Weddingplanerin an. Sie teilte mir mit, ab jetzt sei sie für Maja tätig.

»Komisch, ich wusste gar nicht, dass sie heiraten will«, erwiderte ich überrascht.

»Haha, sie weiß es selbst noch nicht«, kam es launig aus dem Handy zurück. »Wir sind ja noch in der ersten Phase – der Antragsphase.«

Sodann erläuterte mir die Dame ihren Plan. Sie war vom Lebensgefährten meiner Freundin engagiert worden, damit bloß nichts schiefging.

Das Konzept bestand aus Antragsphase, Locationscouting, Entertainmentrecherche, Gästelogistik, Menüplan, Hochzeitskleidberatung, Einladungsphase, schließlich aus Organisation der eigentlichen Hochzeit. Bestimmt habe ich bei der Aufzählung irgendwas ausgelassen. Mir schwirrte der Kopf, so kompliziert hörte sich das Ganze an.

Besonderes Augenmerk lag zunächst auf der Antragsplanung. »Wir haben uns das folgendermaßen vorgestellt, Herr Weißmann: Ihre Freundin soll am Strand von List spazieren gehen. Dort bauen wir ein Zelt auf. Es wird mit roten Rosen dekoriert, ein Gitarrist spielt spanische Weisen, der Champagner steht kalt. In dem Zelt wartet natürlich niemand anderer als der Lebensgefährte Ihrer Freundin.«

»Um ihr einen Antrag zu machen?«

»Genau«, bestätigte die Weddingplanerin. »Und dafür brauchen wir einen Lockvogel. Würden Sie den Lockvogel spielen, der die zukünftige Braut dorthin bringt?«

»Warum nicht.«

Nachdem das Gespräch beendet war, saß ich etwas überrumpelt an meinem Schreibtisch. War ich zu konventionell oder einfach nur hoffnungslos altmodisch? Irgendetwas störte mich an dieser perfekten Planung. Am meisten störte mich, dass meine Freundin völlig ahnungslos war. Hinter ihrem Rücken lief eine riesige Maschinerie an, dabei hatte sie noch nicht mal Ja gesagt.

Sechs Wochen später war es so weit. Am Morgen rief ich meine Freundin an, bestens gebrieft und mit einem genauen Lageplan des Zelts instruiert.

»Hallo, Maja, Lust auf einen Strandspaziergang? Vielleicht am Ellenbogen in List? Ich könnte so gegen sechzehn Uhr.«

»Das trifft sich gut. Mein Freund hat nämlich einen Zahnarzttermin.«

Er hatte natürlich keinen. Aber auch das gehörte zum Plan.

»Super, wir treffen uns dann an der Weststrandhalle«, sagte ich. »Bis später.«

Pünktlich um vier stand ich vor dem großen Lokal in den Lister Dünen. Mittlerweile heißt es Wonnemeyer – ja, das legendäre Wonnemeyer von Britta und Rüdiger mit ihrer Familie. Nomen est omen, dachte ich, hoffen wir, dass es ein wonniger Nachmittag wird.

Maja erschien in Wetterjacke und Gummistiefeln. Sie schien wirklich nichts zu ahnen. Plaudernd stiefelten wir los. Da wir uns lange nicht gesehen hatten, gab es viel zu erzählen. Während wir am Strand entlangwanderten, hielt ich unauffällig Ausschau nach dem angekündigten Zelt.

Nichts. Spaziergänger, Hunde, Strandkörbe, aber kein Zelt.

Unauffällig zog ich mein Handy aus der Tasche, um zu checken, ob es vielleicht eine Planänderung gab. Nachrichten waren keine eingegangen. Also weiterlaufen.

Es war ein kühler Tag. Nach zwei Stunden waren wir komplett durchgefroren. Was tun?

Es gibt fast vierzig Kilometer Weststrand auf unserer kleinen Insel. Er ist in Abschnitte eingeteilt, sogar mit Nummern. Je nach Vorliebe kann man sich für einen bestimmten Typus entscheiden – Aktivstrände, Hundestrände, Familienstrände, barrierefreie Strände, ruhige Strände, FKK-Strände.

Ein bisschen Ortskenntnis muss schon sein, wenn man sich hier verabredet. Doch genau daran haperte es bei der Weddingplanerin. Sie hatte zwei Strandabschnitte verwechselt, wie sie mir gestand, als sie sich endlich meldete.

Der Antrag fand trotzdem statt. Mit drei Stunden Verspätung und einer völlig durchgefrorenen Braut, dafür ohne Zelt und ohne Gitarristen. Also ziemlich chaotisch. Nur der Champagner, der war immer noch kalt.

Ich empfand es dennoch als tollen Moment. Die Pannenserie brachte einen Hauch Lebendigkeit in das abgekartete Spiel. Und wenn man so was durchgestanden hat, ist das doch auch ein gutes Omen für eine Ehe, die allen Stürmen standhält.

Unter dem professionellen Gesichtspunkt war es natürlich nicht gerade ein Ruhmesblatt für die Weddingplanerin. Wer auf Sylt feiert, sollte sich definitiv auf der Insel auskennen.

Aber wie heißt es so schön? Umwege erhöhen die Ortskenntnis.

Rosenkrieg mit Meerblick

Eine dankbare Kundin schenkte mir vor vielen Jahren einen goldgerahmten Spruch: »Stein und Mörtel bauen ein Haus, Geist und Liebe schmücken es aus.«

Ich habe ihn in meiner Wohnung aufgehängt. Warum nicht im Büro? Weil es sein könnte, dass der sinnige Spruch den einen oder anderen Kunden an der falschen Stelle erwischt.

Es stimmt zwar, dass Geist und Liebe in Häusern walten sollten, doch dem ist halt nicht immer so. Spätestens wenn die Liebe ihren Geist aufgibt, stellt sich heraus: So mancher Mensch hängt mehr am Haus als am Partner. Besonders heftig spiegeln sich die Zerwürfnisse dann im Streit um die Immobilie wider.

Vom Traumpaar zum Albtraum – diese Verwandlung erlebte ich einmal mit, als sich ein Paar mit Powerpotenzial trennte. Er war in der IT-Branche tätig, sie hatte sich als Brokerin einen Namen gemacht. Beide waren Mitte dreißig und besaßen alles, was man sich nur wünschen kann: Erfolg, Geld, Partner.

Sie kauften ein Haus in Hörnum, weil der nahe Golfplatz Budersand ihnen so gut gefiel. Er hat Meerblick und schmiegt sich idyllisch in die Dünen am Ostzipfel der Insel.

Hey, dachte ich, wie schön, dass die beiden ein gemeinsames Hobby haben. So was schweißt zusammen. Auf dem Green kann man viele Gespräche nachholen, die im hektischen Alltag unter den Tisch fallen.

Zwei Jahre nach dem Hauskauf war's vorbei mit den Gemeinsamkeiten. Die beiden hatten sich so schlimm zerstritten, dass sie mich sogar einzeln kontaktierten. Das kommt selten vor. Egal, wie sehr die Fetzen fliegen, meistens schaffen es die Streithähne, sich wenigstens für den Verkauf zusammenzuraufen. Nicht in diesem Fall. Ein Rosenkrieg begann.

Die Frau verlor keine Zeit. Direkt nach dem Ehe-Aus rief sie mich an. »Herr Weißmann, inserieren Sie das Haus. Sofort. Ich möchte es so schnell wie möglich loswerden.«

Eine Woche später meldete sich ihr Noch-Ehemann. »Falls meine Frau Sie angerufen hat, vergessen Sie's. Ich will definitiv nicht verkaufen, Herr Weißmann.«

Plötzlich saß ich zwischen allen Stühlen.

Die komplett verfahrene Situation spitzte sich zu, als der Mann eine andere Frau kennen- und lieben lernte. Ob die betreffende Dame eventuell schon vorher im Spiel gewesen war, entzieht sich meiner Kenntnis. Fakt ist, dass er sie auf ein Liebeswochenende nach Sylt einlud.

Das Glück war groß. Nur fürs Golfspielen konnte sich die Neue nicht erwärmen. Am Sonntagmorgen zog ihr Galan in aller Frühe los, um sein Handicap zu verbessern.

Die Freundin blieb im Bett liegen, um gemütlich auszuschlafen.

Gegen elf Uhr stand sie auf und ging ins Badezimmer.

Dieses Badezimmer war ein wahres Schmuckstück: exklusive schiefergraue Kacheln, Bidet, Toilette mit beheizter Brille. Den Höhepunkt bildete eine Walk-in-Dusche mit allerlei Extras wie Dampfstrahler und Regenwaldduschkopf.

Das musste natürlich alles ausprobiert werden.

Während die Dame ausgiebig duschte, hörte sie auf einmal ein seltsames Geräusch. Die Höflichkeit verbietet es, näher auf die Art des Geräuschs einzugehen.

Sie trat einen Schritt aus der Dusche heraus und zuckte zusammen.

Auf der Toilette saß eine fremde Frau.

Panisch wich die neue Freundin zurück. Sie hatte ihren Lover erwartet, nun stand sie splitterfasernackt in einem Badezimmer, das sie ungewollt mit einer Unbekannten teilte.

Die Toilettensitzung der fremden Frau zog sich hin. Offenbar hatte sie Verdauungsprobleme.

Das war aber noch nichts gegen die Probleme, die nun folgten.

Als der Mann nach Hause kam, saßen die beiden Damen mit versteinerten Mienen im Wohnzimmer.

Die Stimmung war auf dem Nullpunkt. Die Ex-Frau hatte nichts von der neuen Freundin gewusst, und die wiederum wusste nicht, dass ihr neuer Freund noch verheiratet war – auf dem Papier zumindest. Der Rosenkrieg ging in die zweite Runde.

Mithilfe seiner Anwälte schaffte es der Mann schließlich, das Haus zu behalten. Die Ex-Frau wurde ausgezahlt. Damit hätte die Sache erledigt sein können.

Ein letztes Mal betrat die betrogene Ex-Frau das Haus, nachdem sie darum gebeten hatte, ein paar persönliche Dinge abholen zu dürfen. Allerdings bestand sie darauf, dass weder ihr Ex-Mann noch seine Freundin anwesend waren. Von unerfreulichen Begegnungen habe sie genug.

Auch ihr Ex-Mann verspürte wenig Lust auf ein Treffen, deshalb stimmte er zu.

Als er wenige Tage später nach Sylt fuhr, stand das Haus unter Wasser. Alles war ruiniert: das teure Pitchpine-Parkett, die Möbel, die Teppiche, einfach alles. Ein Desaster. Nach der ersten Verzweiflung machte er sich auf die Suche nach der Ursache. Er fand sie im Badezimmer. An jenem unheilvollen Ort, wo es zum Erstkontakt der beiden Frauen gekommen war.

Eine gewisse Fantasie kann man seiner Ex-Frau wohl nicht absprechen: Bei ihrem Besuch hatte sie einen halben Sack Zement in die Toilette geschüttet und anschließend die Spülung arretiert.

Sex on the Beach

Keine Sorge, dieses Buch ist und bleibt jugendfrei. Doch *sex on the beach* passt einfach nach Sylt. Erstens ist es der Name eines Cocktails. Der soll angeblich ein Brandbeschleuniger sein, wenn Herz und Herz zusammenfinden.

Zweitens gibt es ein Sylter Parfum, das tatsächlich »Sex on the Beach« heißt. Es ist exklusiv in der in Kampen ansässigen Parfümerie Viglahn zu haben, unter dem Label »Sylt by Viglahn«. Nach Aussage des Herstellers strahlt der Duft »Wärme und Verlangen« aus.

Womit wir beim dritten Punkt wären, der Erotik.

Als Nordseeinsel verfügt Sylt bekanntlich über ein besonderes Reizklima. Mit diesem Begriff umschreiben Mediziner die positive gesundheitliche Wirkung von Wind und Wetter im hohen Norden. Die Aerosole der Meeresbrandung, dazu eine gute Portion Sonnenstrahlung und viel Bewegung an frischer Luft sind ein echter Boost für den Organismus.

Unter anderem sollen vermehrt Glückshormone ausgeschüttet werden. Manche Urlauber schwören darüber hinaus, dass das Klima mehr Schwung in ihr Liebesleben bringt. Zuweilen wird auch berichtet, dass die Hormone völlig verrücktspielen.

Gut möglich, dass die berühmten FKK-Strände ebenfalls für neue erotische Inspiration sorgen. Unter Nudisten ist Sylt ein Geheimtipp. Jedenfalls lässt sich der eine oder andere an den Nacktbadestränden zu etwas mehr als Baden und Sonnen verleiten.

Vor ein paar Jahren fuhr ich zu einer Hausbesichtigung nach Wennigstedt. Die Besitzerin war frisch geschieden, nun wollte sie sich nicht nur vom Mann, sondern auch vom Haus trennen.

Sie hatte den Termin für morgens um acht Uhr vereinbart. Es war ein perfekter Tag. Die Sonne schien, eine frische Brise wehte durch die Dünen, der Himmel hatte die Farbe von frisch erblühtem Vergissmeinnicht.

Als ich die Gartenpforte aufschob, bot sich mir ein merkwürdiges Schauspiel. Die Hausbesitzerin, eine noch recht junge Frau mit langem blondem Haar, stand leicht bekleidet im Garten und sprach mit einem Herrn im grauen Jogginganzug. Das heißt, die beiden führten eine höchst erregte Unterhaltung.

Der Disput endete damit, dass die Frau ihrem Gegenüber ein Glas Wasser über den Jogginganzug kippte. Und er? Küsste sie. Leidenschaftlich. Dann trabte er in Joggermanier grußlos an mir vorbei. Er schien es ziemlich eilig zu haben.

Mir war diese Szene höchst peinlich. Außerdem verstand ich nicht ganz, was sie zu bedeuten hatte.

»Hallo, Herr Weißmann!«, rief mir die junge Frau zu. »Kommen Sie rein.«

Ich folgte ihr ins Haus. Noch bevor wir mit der Besichtigung begannen, vertraute sie sich mir an.

»Es ist so …« Sie schob den verrutschten Spaghettiträger ihres taubenblauen Seidentops etwas höher. »Was Sie da gerade gesehen haben, muss unter uns bleiben.«

»Selbstverständlich«, murmelte ich.

»Trotzdem bin ich Ihnen wohl eine Erklärung schuldig«, sagte sie kleinlaut.

»Nein, nein, Ihr Privatleben geht mich wirklich nichts an.«

Doch ihr Mitteilungsbedürfnis war groß. So groß, dass sie mir die ganze Story erzählte.

Sie habe den Mann an der berühmten Buhne 16 kennengelernt, dem legendären Kampener FKK-Strandabschnitt. Eingeweihte bezeichnen ihn als den schönsten Nacktbadestrand Sylts. Eine Besonderheit besteht darin, dass man an der Buhne 16 keinen Handyempfang hat, also eine besondere Form der Abgeschiedenheit genießt. Die Nebenwirkung: Man schaut nicht dauernd aufs Handy, man schaut nach rechts und links.

»Ehrlich gesagt war ich geflasht«, bekannte die Hausherrin. »Er ist unwahrscheinlich gut gebaut, was an einem textilfreien Strand natürlich nicht verborgen bleibt.«

»Hm«, brummte ich und betete stumm, dass sie mich mit näheren Details verschonen möge.

»Erst haben wir nur geflirtet«, berichtete sie weiter. »Dann haben wir uns verabredet. Aber nach der ersten Liebesnacht gestand er mir, dass er verheiratet ist.«

»Oh.«

»Ja, oh.« Sie verdrehte kurz die Augen. »Zwei Tage später reiste seine Frau an. Seitdem können wir uns nur noch morgens treffen. Er sagt ihr immer, dass er joggen geht. In Wirklichkeit kommt er – wie soll ich sagen – auf einen Kaffee vorbei. Coffee and more, falls Sie verstehen, was ich meine.«

Das bereitete mir keinerlei Schwierigkeiten. Aber nun war ich doch neugierig geworden.

»Warum haben Sie ihm denn zum Abschied Wasser über den Jogginganzug geschüttet?«

»Seine Frau hat Verdacht geschöpft«, antwortete sie schulterzuckend. »Normalerweise kommt er total verschwitzt vom Joggen nach Hause. Es fiel ihr auf, dass es neuerdings nicht so ist. Deshalb sagte er heute: Schatzi, hol einen Zahnputzbecher mit Wasser und kipp ihn mir über den Anzug. Dann sieht es so aus, als hätte ich geschwitzt.«

Tja. Not macht erfinderisch. Seitensprünge offensichtlich auch.

»Ich fand das total albern«, fügte sie hinzu. »Wir diskutierten. Letztendlich habe ich es dann ihm zuliebe gemacht.«

Sie wartete auf einen Kommentar, den ich ihr aber schuldig bleiben musste. Was soll man auch dazu sagen?

»Also, Herr Weißmann, ich koche erst mal einen Kaffee für Sie, okay? Bevor wir mit der Besichtigung starten, würde ich nämlich noch gern das Schlafzimmer – na ja, aufräumen.«

Herzerwärmendes

Eine alte Regel lautet: Wer hat, will mehr. Dementsprechend erlebe ich oft, dass meine Kunden nach einigen Jahren wieder bei mir auftauchen, weil sie sich ein größeres Objekt wünschen.

Es ist nun mal so: Mit der Zeit steigen die Ansprüche, und wenn die finanziellen Möglichkeiten stimmen, will man sich irgendwann vergrößern.

Das dachte ich auch bei dem Herrn, der mich vor Kurzem kontaktierte.

Ich hatte ihm vor einiger Zeit ein weitläufiges Anwesen in Süderheide verkauft, und er war mir in bester Erinnerung, auch, weil er immer sehr freundlich und zugewandt gewesen war. Auch an seine wesentlich jüngere Frau erinnerte ich mich.

Konstellationen mit großem Altersunterschied nenne ich übrigens »Kapital plus Lebensfreude«.

Sie hatten zwei Kinder. Bei den Besichtigungsterminen waren die beiden Kleinen allerdings immer weggesperrt worden. Wenn ich sie überhaupt mal sah, dann waren ihre Gesichter mit Tüchern verhüllt wie bei den Kindern von Michael Jackson: Der besagte Herr war sehr wohlhabend, die Entführungsangst groß.

Nun saß er in meinem Büro. Ohne Frau, ohne Kinder, aber mit einem entschlossenen Zug um den Mund. »Herr Weißmann, ich möchte mich kleiner setzen«, kam er ohne Umschweife zur Sache. »Hätten Sie da was für mich?«

Ich war ziemlich verblüfft. Nie hätte ich gedacht, dass dieser Mann in finanzielle Schwierigkeiten geraten könnte. Oder steckte etwas anderes dahinter?

»Darf ich den Grund erfahren?«, fragte ich.

Seufzend schlug er die Beine übereinander und starrte lange zur Decke. »Besitz belastet«, sagte er schließlich. »Ich weiß nie, ob ich gemocht werde oder mein Geld. Deshalb will ich ein kleineres, weniger repräsentatives Haus.« Er lächelte matt. »Wenn die Leute mich dann trotzdem noch besuchen kommen, weiß ich, dass sie wirklich mich meinen – nicht mein Geld.«

Er tat mir richtig leid. Aber eigentlich war es ein cooler Gedanke: ein Haus als Test für den Wert von Freundschaften.

Er entschied sich dann für ein vergleichsweise winziges Objekt, ganz unspektakulär. Ich wünschte ihm von Herzen, dass ihn seine Freunde weiterhin besuchten. Dennoch, ein bitterer Nachgeschmack blieb zurück.

Gemischte Gefühle waren auch im Spiel, als ich mit einer älteren Dame zu tun hatte, die ihr Haus verkaufen wollte. Es war ein wunderschönes Friesenhaus mit Reetdach und gepflegtem Garten, praktisch gelegen in Fußnähe zu den Geschäften des täglichen Bedarfs.

Als wir uns in meinem Büro trafen, offenbarte sie mir, sie sei schwer krank und habe nicht mehr lange zu leben. Das in Würde gealterte Gesicht war bereits von der Krankheit gezeichnet.

Ich atmete schwer. Sie tat mir so leid!

»Deshalb will ich für meine beiden erbberechtigten Kinder die Besitzverhältnisse regeln«, sagte sie.

»Gern suche ich einen passenden Interessenten«, versicherte ich mit belegter Stimme. »Wenn Sie möchten, bin ich

Ihnen auch bei der Suche nach einem Apartment behilflich.«

»Das wird nicht nötig sein.« Sie faltete ihre Hände auf dem Schoß. »Es gibt eine Einliegerwohnung in dem Haus. Dort möchte ich bleiben, bis …«

Ihre Augen füllten sich mit Tränen. Am liebsten hätte ich sie in den Arm genommen.

»Wie gesagt, ich werde bald sterben, Herr Weißmann«, sagte sie, nachdem sie ihre Fassung wiedererlangt hatte. »Deshalb hatte ich an Nießbrauch gedacht.«

Jetzt begriff ich, warum sie kein Apartment wollte. Das Nießbrauchrecht sieht vor, dass jemand bis zum Lebensende in der betreffenden Wohnung bleiben darf. Erst danach können die neuen Hauseigentümer über die Räume verfügen.

Andererseits wunderte ich mich ein bisschen über diese Idee. Natürlich gehört es zu meinem Beruf, Objekte zu verkaufen, zumal ein so attraktives Objekt wie dieses. Aber das Business ist nicht alles. Ich atmete tief durch.

»Gnädige Frau, wollen Sie wirklich verkaufen? Sie könnten doch die letzten Monate in Ihrem Haus verbringen, ohne mit neuen Besitzern unter einem Dach zu wohnen. Wäre das nicht die entspanntere Lösung?«

»Nein, Herr Weißmann, ich habe mir das alles gut überlegt.« Sie öffnete ihre Handtasche und holte einen Zettel heraus, den sie mir auf den Schreibtisch legte. »Dies ist meine Patientenverfügung, falls ein medizinischer Notfall eintritt. Darin sollen die neuen Eigentümer eingetragen werden.«

Nun war ich vollends verwirrt. »Sie wollen, dass Wildfremde über Ihr Schicksal bestimmen?«

»Ich möchte in Frieden sterben, ohne lebensverlängernde Maßnahmen«, erklärte sie mit fester Stimme. »Aber meine

Kinder lieben mich so sehr, dass sie sich über diesen Wunsch hinwegsetzen würden, das weiß ich. Dann wäre ich vielleicht monatelang an Schläuche und Apparate angeschlossen. Das möchte ich unbedingt verhindern.«

Noch immer stand ich auf der Leitung. »Ja, aber, Sie kennen die zukünftigen Hausbesitzer doch noch gar nicht. Was macht Sie so sicher, dass die Ihre Wünsche respektieren?«

Mit einem klugen und auch ein bisschen bitteren Lächeln sah sie mich an. »Die meisten Menschen sind Egoisten, Herr Weißmann. Wer auch immer das Haus kauft, wird doch nur darauf warten, dass ich endlich abtrete. Wenn ich den neuen Eigentümern die Patientenverfügung übertrage, kann ich sicher sein, dass ich nicht unnötig lange leiden muss.«

Der Letzte macht das Licht aus – Quo vadis, Sylt?

In den vergangenen Jahren wurden die Kassandrarufe immer lauter: Vom Ausverkauf der Insel ist die Rede, von Überfremdung und Identitätsverlust.

Schon lange wird dieser Trend beklagt.

Das ehemals idyllische Sylt sei nur noch ein Schatten seiner selbst, heißt es. Ein geschlossener Erlebnispark, in dem die meisten Häuser monatelang leer stehen. Dann wieder ertrinke die Insel in den Flutwellen des Tourismus und ersticke in den Abgaswolken teurer SUVs.

Selbstverständlich hat man auch schon die Schuldigen ausgemacht: die Makler. Sie seien es, die die Preise in die Höhe treiben, heißt es, sie sorgten dafür, dass sich kein Normalsterblicher mehr anständigen Wohnraum auf Sylt leisten könne.

Aber mal ehrlich: Ist das Thermometer dran schuld, wenn die Temperatur steigt?

Hier ist viel Verdrängung im Spiel. Schließlich waren es die stolzen Nordfriesen selbst, die Haus und Hof verkauften, als sie das große Geschäft witterten. Die Lust aufs Friesenhaus bedeutete eine folgenreiche Versuchung für die Sylter Ureinwohner. Jahrzehntelang hatten sie ihre Schlafzimmer für Touristen geräumt und im Keller geschlafen. Ab den Sechzigerjahren verkauften immer mehr ihre Bleibe.

Wo die ehemaligen Eigentümer wohnen? Die meisten

sind aufs Festland abgewandert. Nur einige Hartgesottene blieben hier und nahmen mit Wohnungen in Westerland, Wenningstedt oder List vorlieb. Das war der Preis für die Goldgräbermentalität, die auf den Boom folgte.

Nicht jeder hatte so viel Glück wie eine meiner Kundinnen: Sie verkaufte ihr Haus, verliebte sich in den Käufer und hat nun alles: das Geld, die Liebe, das Haus.

Zu den Nebenwirkungen des Booms gehören auch die architektonischen Entgleisungen auf der Insel. Ohne Not wurden seit den Sechzigerjahren unzählige wunderschöne Häuser abgerissen: Privathäuser, alte Bahnhöfe, charmante Hotels mit Stuck und Türmchen. Und jedes Mal verschwand ein Stück Geschichte. Das hätte durchaus verhindert werden können – von den Syltern.

Bis Anfang der Sechziger gab es beispielsweise noch viele alte Klinkerhäuser mit charmanten Privatpensionen in den Dünen von Westerland. Doch damals wollte man auf den Zug des schick gewordenen Massentourismus nach spanischem Muster aufspringen. Und so war die Freude groß, als ein Stuttgarter Bauunternehmer einen gewaltigen Apartmentkomplex mit Blick auf den Strand vorschlug.

Aus heutiger Sicht handelte es sich um puren Betonbrutalismus. Aber damals jubelte die Stadtverwaltung. Schließlich konnte man damit auf einen Schlag die Bettenzahl vervielfachen. Die kleinen Häuser mussten weichen – und damit ein weiteres Stück architektonischer Einzigartigkeit.

Bis in die Gegenwart hinein zieht sich diese unheilvolle Tendenz. Unlängst wurde ein traumhaft historisches Gebäude in Westerland, welches leider nicht unter Denkmalschutz stand, abgerissen, ein Zeugnis der charmanten Bäderkultur, wie sie Anfang des 20. Jahrhunderts die Insel prägte. Das Gebäude mit den filigranen Holzbalkonen musste einem Apartmentkomplex weichen.

Und ein Ende dieser Entwicklung ist nicht in Sicht. Erst 2019 wurde ein Friesenhaus am Westerländer Brönswai zum Abschuss respektive Abriss freigegeben. Das Haus aus dem 18. Jahrhundert stand eigentlich unter Denkmalschutz; dennoch gab die zuständige Kieler Behörde grünes Licht für die Zerstörung.

Solche Beispiele zeigen, dass Begehrlichkeiten im Spiel sind, die man nicht allein Investoren, Maklern und Käufern zuschieben kann.

Um das klarzustellen: Ich bringe durchaus Verständnis für die Probleme der Sylter auf. Seit Langem erleben sie einen Zwiespalt zwischen dem einträglichen Tourismus und der Sorge um die eigene Identität.

Vieles, was früher der Wahrung von Traditionen diente, ist heute zum Spektakel für Gäste geworden. Etwa das Biikebrennen, ein Feuerritual am Strand, mit dem die Sylter Frauen einst ihre Männer verabschiedeten, wenn sie im Februar zum Walfang aufbrachen.

Heute ist diese Tradition zu einer weiteren Touristenattraktion geworden. Da ergeht es den Syltern nicht anders als den Maori, wenn sie auf Neuseeland ihre Haka-Tänze aufführen. Oder, um ein näher gelegenes Beispiel zu nennen, den Almbauern in Bayern, wenn der Almabtrieb zum Touristenspektakel verkommt.

Ich persönlich sehe die Entwicklung Sylts jedoch bei Weitem nicht so negativ, wie einige Kritiker sie darstellen. Nicht zuletzt generiert der Tourismus Einnahmen, mit denen überlebensnotwendige Küstenschutzmaßnahmen und die Pflege der Naturschutzgebiete finanziert werden.

Für mich ist Sylt immer noch die schönste Insel der Welt. Sie hat alles überstanden – die Kurgäste, die Touristenmassen, die Partys der *happy few*.

Wenn ich mal aufs Festland reise, was selten genug vorkommt, kann ich es kaum erwarten, wieder zurückzufahren. Sobald ich dann in Niebüll auf den Autozug warte, vollführt mein Herz einen Trommelwirbel. Setzt sich der Zug in Bewegung, lasse ich alle Scheiben runter und atme tief ein. Mit der Seele.

So wie der Mann mit dem roten Ferrari, der in einer einzigen Nacht beschloss, für viele Millionen Euro seinen Sehnsuchtsort am Wattenmeer zu kaufen.

Dank

Mein erster Dank gilt den vielen Menschen, die ich in den vergangenen zehn Jahren professionell und privat begleiten durfte. Ohne meine wunderbaren Kunden hätte ich dieses Buch nicht schreiben können. Sie waren die große Inspiration, meinen Alltag als Makler auf Sylt zu schildern. Nach wie vor brenne ich für meinen Beruf – und das liegt allein daran, dass es die außergewöhnlichen Begegnungen und Geschichten gibt, die sich daran knüpfen.

Des Weiteren danke ich Roman Hocke von der AVA international Autoren- und Verlagsagentur. Von Anfang an hat er an dieses Projekt geglaubt. Seine Professionalität und seine Leidenschaft für Bücher waren eine unentbehrliche Unterstützung für mich.

Ein besonderer Dank gilt dem Verlag Droemer Knaur. Obwohl ich ein Debütant in der Buchwelt bin, wurde ich mit offenen Armen empfangen. Mit großer Energie hat sich das Verlagsteam für dieses Buch engagiert, bis hin zu dem schönen Cover.

Last, not least danke ich Charles, meinem Corgi. Geduldig hat er sich meine Selbstgespräche angehört, wenn ich am Strand spazieren ging und mir die Geschichten dieses Buchs erzählte. Er ist ein großartiger Zuhörer, und er widerspricht mir nie. Danke, lieber Charles!

Zum guten Schluss – Tipps zum Immobilienkauf

Spielen Sie selbst mit dem Gedanken, eine Wohnung oder ein Haus zu erwerben? Dann habe ich ein paar Tipps für Sie.

Schritt 1: Klären Sie Ihre Motivation

Machen Sie sich klar, warum Sie eine Immobilie erwerben wollen. Soll es eine reine Wertanlage sein? Ein Zuhause? Beides? Oder ein Objekt, das Sie zeitweilig an Feriengäste vermieten möchten?

Diese Überlegung ist die Basis aller weiteren Entscheidungen.

Wenn Sie selbst in einer Immobilie wohnen wollen, hat das viele Vorteile. Sie können alles nach Ihrem Geschmack umgestalten, sind unkündbar und haben damit die Sicherheit, für immer in der Immobilie Ihrer Wahl zu wohnen, sofern Sie das wollen.

Allerdings generieren Sie dann keine Mieteinnahmen, die Sie in die Finanzierung einbeziehen könnten.

Eine Alternative ist es, das Objekt zunächst zu vermieten und später selbst einzuziehen. Bedenken sollten Sie dabei allerdings, dass das deutsche Mietrecht eher den Mieter als den Eigentümer begünstigt. Es könnte also ein langwieriges Prozedere werden, bis Sie tatsächlich in die eigenen vier Wände einziehen dürfen.

Ich persönlich empfehle natürlich Sylt – wie könnte es anders sein. Die Lebensqualität und der Freizeitwert sind einfach unschlagbar. In der sagenhaften Natur ist Erholung bei jedem Wetter garantiert, außerdem kann man Sylt ganzjährig problemlos erreichen.

Sofern Sie aber noch unentschieden sind, gibt es mehrere Optionen. Die meisten Menschen neigen dazu, eine Immobilie am eigenen Wohnort zu erwerben. Andere suchen etwas an ihrem bevorzugten Urlaubsziel. Beides liegt nahe, sofern man sofort oder später selbst einziehen möchte.

Im Falle einer reinen Wertanlage stellen sich die Dinge etwas anders dar. Dann empfiehlt es sich, dort zu kaufen, wo sich die Immobilienpreise am vielversprechendsten entwickeln. Die Recherche ist relativ einfach, weil im Netz Grundstücks- und Immobilienpreise laufend aktualisiert vorliegen. Eine Alternative wäre es, einen Makler in die Recherche einzubeziehen.

Doch auch wenn man selbst in der Immobilie wohnen möchte, lohnt es sich, über einen Ortswechsel nachzudenken.

Nach meiner Beobachtung neigen viele Menschen dazu, erst mal am angestammten Wohnort zu suchen. Gerade wenn man etwas älter ist, hängt man an der Heimat, an den Freunden.

Durch meine Erfahrungen auf Sylt habe ich festgestellt, dass aber auch der Umzug in eine typische Feriengegend viele Vorteile hat. Zu Hause bleibt alles beim Alten, eine neue Umgebung kann dagegen sehr inspirierend wirken. Viele Kunden, die ich beraten habe, blühen auf Sylt richtig auf. Deshalb sollte man die Option eines Ortswechsels zumindest in Betracht ziehen. Andererseits kann es sehr einsam werden, wenn man auf einen Schlag weit weg von allen bisherigen Kontakten auf einer Nordseeinsel wohnt.

Schritt 3: Legen Sie Ihr Budget fest

Sofern auf Ihrem Konto genügend Geld für Ihre Traumimmobilie liegt, können Sie diesen Abschnitt überspringen. Steht aber eine Finanzierung an, heißt es, kühlen Kopf zu bewahren. Beim Budget kommt es meiner Erfahrung nach am häufigsten zu Fehleinschätzungen.

Rechnen Sie genau durch, in welcher Höhe Sie eine Anzahlung leisten können und welche Summe Sie monatlich für Tilgung und Zinsen übrig haben: Je höher die Tilgung, desto kürzer die Laufzeit des Kredits.

In Ihre Rechnung sollten Sie unbedingt einen Puffer einbauen.

Bei längeren Kreditlaufzeiten ändern sich die Konditionen meist nach einer Weile, und selten oder nie zu Ihren Gunsten. Also setzen Sie Ihr Budget lieber etwas niedriger als zu hoch an. Nichts ist deprimierender als eine Immobilie, für die man jahrelang gezahlt hat, die man sich dann aber irgendwann nicht mehr leisten kann. Steckt man in einer Finanzierung, ist der Verkauf meist ein Verlustgeschäft.

Als günstig hat sich erwiesen, bereits vor der Immobiliensuche ein Finanzierungskonzept erstellen zu lassen. Unter anderem können Sie darin die Höhe der monatlichen Tilgung bestimmen. Das gibt Ihnen Planungssicherheit.

Was manche Käufer in ihrer Rechnung vergessen: Beim Kauf einer Immobilie fallen Kosten für die Grunderwerbssteuer, die Notarkosten und die Maklerprovision an. Diese Posten können bis zu fünfzehn Prozent der Kaufsumme ausmachen.

Bei Eigentumswohnungen gehören auch das monatliche Hausgeld sowie die sogenannte Instandhaltungsrücklage für eventuelle Reparaturen und Renovierungen mit in die Berechnung. Dieser Punkt wird oft übersehen, oder man unterschätzt die Höhe der anfallenden Summe.

Das Gleiche gilt für die neue Energieeinsparverordnung. Oft erfordert sie umfassende Sanierungen der Fenster, der Dämmung und der Heizanlage. Das sollte vor dem Kauf geklärt sein, damit man nicht irgendwann böse Überraschungen erlebt.

Nicht unbeträchtlich schlägt auch der Umzug zu Buche. Je nachdem, ob Sie alles selbst einpacken oder einen Full Service buchen, bei dem jeder kleine Löffel fachmännisch eingewickelt wird, sind hier Summen bis zu fünfzigtausend Euro und mehr möglich.

Zuletzt noch ein Wort zu Ferienvermietungen, die manchmal als Finanzierungsquelle eingeplant werden. Zunächst sollte man sich erkundigen, ob das auch erlaubt ist. Viele Gemeinden haben hier sehr strikte Regelungen, die einem einen Strich durch die Rechnung machen können. Wird die Ferienvermietung gestattet, ist das allerdings nicht immer befriedigend. Das erlebe ich immer wieder.

Es gibt Immobilienbesitzer auf Sylt, die weder im Sommer noch zu Weihnachten oder Ostern ihr schönes Objekt nutzen, weil sie es dann am gewinnbringendsten vermieten können.

Schritt 4: Haus oder Wohnung?

Viele Kunden legen sich von vornherein fest: Es muss unbedingt ein Haus sein. Andere wollen grundsätzlich nur eine Wohnung.

Bevor Sie sich festlegen, bedenken Sie, dass Haus nicht gleich Haus und Wohnung nicht gleich Wohnung ist. Eine Maisonettewohnung kann zum Beispiel ein ähnliches Wohngefühl vermitteln wie ein Haus. Für Penthouses gilt Ähnliches. Es kommt immer auf die einzelne Immobilie an – und natürlich auf die Lage.

Ein weiterer Faktor ist die Zeitperspektive. Wenn man die sechzig überschritten hat, sollte man prüfen, ob die Wohnsituation auch noch in den kommenden Jahrzehnten vorteilhaft ist. Selbstverständlich wollen wir alle topfit bleiben. Garantien gibt es aber nicht. Dann können beispielsweise Treppen ein echtes Hindernis werden. Auch schwer zugängliche Hauseingänge, bei denen man nicht direkt mit dem Auto vorfahren kann, erweisen sich im Alltag als schwierig.

Bedenken sollte man außerdem, wie personalintensiv ein Objekt werden wird. Gärten müssen zum Beispiel regelmäßig gepflegt werden, doch die Kosten für einen Gärtner werden selten in die Überlegungen einbezogen. Das Gleiche gilt für Putzkräfte und für das Schneeschippen im Winter.

Schritt 5: Sondieren Sie die Lage

Es ist schon ein geflügeltes Wort: *Lage, Lage, Lage.* Warum? Weil es stimmt.

Das Lebensgefühl in einer Immobilie wird wesentlich dadurch definiert, wo genau sie liegt. Und das betrifft nicht nur den Blick aus dem Fenster.

Man sollte immer das ganze Viertel in Augenschein nehmen, um zu prüfen, ob es zu den eigenen Wünschen passt. Wollen Sie quirliges Leben mit Geschäften und Cafés? Oder lieber einen Rückzugsort? Wie wichtig ist eine günstige Verkehrsanbindung? Brauchen Sie eine gute Schule in der Nähe?

Ein perfekter Test ist auch: Gefällt Ihnen die Gegend so gut, dass Sie Lust haben, dort abends einen Spaziergang zu unternehmen?

Nicht zuletzt spielt die Lage natürlich eine entscheidende Rolle für die potenzielle Wertsteigerung einer Immobilie. Das zeigt das Beispiel Sylt. Wer hier früh den richtigen Riecher hatte, profitierte von der Marktentwicklung.

Schritt 6: Nehmen Sie sich Zeit für die Besichtigung

Wie im Kapitel »Das Geheimnis des Homestagings« geschildert, ist der erste Eindruck einer Immobilie der wichtigste. Hören Sie auf Ihr Bauchgefühl – aber schalten Sie nicht den Verstand aus. Sonst kann es passieren, dass Sie sich von den Einrichtungskünsten eines Homestagers blenden lassen.

Bevor es losgeht, legen Sie am besten eine Checkliste an. Wie viel Platz brauchen Sie? Was sind die Extras, die Ihnen wichtig sind? Das kann ein Hobbyraum sein, eine besonders große Wohnküche oder der Wunsch nach einem weiteren Badezimmer. Kompromisse können Sie immer noch machen. Zunächst sollten Sie bei Ihrer Auswahl jedoch das Maximum zugrunde legen.

Ganz wichtig ist es, die Immobilie tagsüber zu besichtigen. Nur so bekommen Sie ein Gefühl für die natürlichen Lichtverhältnisse, die in dem Objekt herrschen.

Haben Sie Morgensonne im Schlafzimmer? Liegt das Wohnzimmer nach Norden und bleibt deshalb eher dunkel? Gibt es Ecken, die kaum Tageslicht abbekommen?

Checken Sie auch die Parkplatzsituation. Eine langwierige tägliche Parkplatzsuche kann die Nerven gehörig strapazieren. Falls Sie gern mit dem Rad fahren, ist es sinnvoll, nach Radwegen Ausschau zu halten.

Ich gehe mal davon aus, dass Sie die Preise verglichen haben, bevor Sie sich näher mit einer Immobilie beschäftigen. Bei einem seriösen Makler sind Sie auf der sicheren Seite. Er wird sich hüten, Ihnen ein Objekt zu einem überhöhten Preis anzubieten, weil sich so etwas schnell herumspricht.

Bei Maklern, denen Sie nicht komplett trauen, ist es jedoch wie bei einer ärztlichen Diagnose: Man sollte immer eine zweite Meinung einholen. Dafür können Sie einen integren Makler oder einen Immobiliensachverständigen engagieren. Die Investition in einen eigenen Gutachter, der das Objekt bewertet, lohnt sich aus vielen Gründen.

Der wichtigste Nebeneffekt: Unabhängige Immobiliensachverständige achten auf eventuelle Baumängel, die man als Laie gar nicht auf den ersten Blick bemerkt. Dies ist ein sehr wichtiger Punkt. Aufwendige Sanierungen sind nämlich meist nicht ins Budget eingeplant, können aber zu empfindlichen finanziellen Schieflagen führen.

Der weitere Vorteil eines Gutachters besteht darin, dass Sie beim Kauf sicher sein können, nicht zu viel zu bezahlen. Besteht eine deutliche Diskrepanz zwischen der aufgerufenen Summe und der Bewertung durch Ihren Gutachter, sollten Sie versuchen, einen günstigeren Preis auszuhandeln. Lassen Sie sich nicht beirren, wenn angeblich schon weitere Interessenten Schlange stehen. Oft ist das nur eine Taktik, um potenzielle Käufer unter Druck zu setzen, damit sie jeden Preis akzeptieren.

Eindringlich gewarnt sei vor Geldforderungen ohne Vertrag. Weder Provisionen noch Anzahlungen sind vor dem Kaufabschluss üblich. Sofern man Sie dazu auffordert, um bessere Chancen für den Zuschlag zu haben, sind Sie an einen unseriösen Vermittler geraten.

Manche Immobilieninteressenten versprechen sich übrigens finanzielle Vorteile durch Zwangsversteigerungen. Das Problem: In der Regel kann man die Objekte vor dem Verkauf nicht besichtigen, und auch ein Gutachter wird nicht hineingelassen. Günstiger sind diese Objekte ohnehin nicht unbedingt. In den seltensten Fällen kommt abgezahlter Privatbesitz unter den Hammer. Meist steht die finanzierende Bank hinter der Zwangsversteigerung. Und die ruft keine Schnäppchenpreise auf, sondern will die entstandene Schuldenlast wieder herausbekommen.

Schritt 8: Und dann – Kaufen Sie's!

Ein Immobilienkauf ist etwas komplizierter als ein Gang zum Supermarkt, wo man seine Tüte füllt, bezahlt und wieder hinausspaziert.

Es gibt mehrere Phasen. Am Anfang steht meist die Kaufabsichtserklärung. Damit versichert der Kunde, dass er ernsthaftes Interesse an einer Immobilie hat. Der Makler erhält also eine schriftliche Zusicherung, dass er das Objekt für den Interessenten reservieren kann.

In der zweiten Phase kann eine Kaufpreisvereinbarung folgen. Obligatorisch ist das nicht, doch es befestigt die Kaufabsicht, bevor die Finanzierung steht und alles unter Dach und Fach kommt.

Die Kaufpreisvereinbarung und Beauftragung eines Notariats ist gewissermaßen die Vorstufe des eigentlichen Kaufvertrags. Im Gegensatz zur reinen Kaufabsichtserklärung ist er rechtlich bindend und muss von einem Notar beurkundet werden. In diesem Vertrag werden die Konditionen festgelegt und, sehr wichtig, der Zeitpunkt der Kaufpreiszahlung und Übergabe.

Viele Kunden planen weit voraus in die Zukunft oder müssen erst die Finanzierung regeln, bevor sie den finalen Kaufabschluss tätigen können. Mit dem Vorvertrag halten sie die juristisch relevante Zusicherung in den Händen, dass das Objekt nicht inzwischen an jemand anderen geht.